安倍晋三と菅直人

非常事態のリーダーシップ

尾中

a pilot of wisdom

はじめに

「総理大臣の職を辞することといたします」

２０２０年８月28日午後５時過ぎ。安倍晋三首相は、官邸で開いた緊急の記者会見で、辞任する考えを突然表明した。持病である潰瘍性大腸炎の悪化を理由にした辞意表明だった。在任期間７年８カ月。連続在職日数が歴代最長を記録した「１強」政権は、実にあっけなく幕を閉じることになった。

この年の１月に「国内で初めて新型コロナウイルスの感染者が確認された」と発表されてから７カ月あまり。時に涙を浮かべながらも「正体不明の敵と悪戦苦闘する中、少しでも感染を抑え、極力重症化を防ぎ、そして国民の命を守るため、その時々の知見の中で最善の努力を重ねてきた」と、政権のコロナ対策を誇る安倍首相の姿をテレビでみながら、筆者は何とも言えない複雑な思いにとらわれた。「国民のためにコロナ禍《か》と全力で戦い、病のために刀折れ矢尽きた悲運の宰相」を演出すべく躍起になっているその姿に、違和感を覚えざるを得なかったのだ。

安倍政権については、支持、不支持の両面から論評が入り乱れている。アベノミクスを中心とした経済政策。憲法解釈を閣議決定で変更してまで集団的自衛権の行使を一部容認したことをはじめとする、安全保障や憲法への姿勢の問題。森友・加計《かけ》学園や「桜を見る会」などにみられる権力の恣意的な運用の問題……。語られるべきテーマは枚挙にいとまがない。

その中で筆者は、最終盤に政権を襲い、結果として命取りになった新型コロナウイルス感染症への対応に、特に強い関心を抱いた。理由は、この9年前の2011年3月11日に発生した東日本大震災と東京電力福島第一原子力発電所事故に対峙《たいじ》した民主党の菅直人《かんなおと》政権を、当時、毎日新聞政治部の記者として取材した経験があるからだ。

死者・行方不明者は確認されただけで1万8425人、震災関連死3774人、避難者4万9988人（警察庁、復興庁調べ、2021年3月現在）。「戦後最大の国難」と呼ばれた非常事態に、菅政権の対応は世論の激しい批判を受けた。発災から約半年を経た8月末、菅首相は辞意を表明した。

菅政権による原発事故の初動対応に関する報道は、ほぼおしなべて、官邸の不手際を強調していた。事故対応もさることながら、原発事故の原因には、事故発生前の日本政府の原子力政策など複合的な要素があるのに、批判は安易な「菅政権悪玉論」に流れ過ぎていると思えた。もちろん建設的な叱咤《しった》もあったが、実態を踏まえない、というより事実関係さえゆがめた形での「断罪」が、当時はあまりに多かった。

その最たるものが、当時野党議員だった安倍晋三氏の「海水注入中断デマ」である。2011年5月に自身のメールマガジンで、原子炉を冷却するための海水注入について「菅首相が止めた」として「直ちに辞任すべきだ」と糾弾したのだ。メルマガ配信後、『読売新聞』と『産経新聞』も同様の内容の記事を掲載した。

これが永田町で波紋を呼び、小沢一郎氏をはじめとする民主党内の反主流派勢力が倒閣を画策した。野党・自民党などが提出する内閣不信任決議案に同調して賛成し、可決させることで内閣総辞職に追い込もうとしたのだ。菅首相は結局、こうした動きに対応する過程で政権の体力を削《そ》がれ、それから約3カ月後の辞任につながった。

この問題は、のちに菅氏が安倍氏を訴える事態となった。2017年2月に最高裁第三小法廷で菅氏の敗訴が確定したが、この判決は「安倍氏のメルマガが名誉毀損にあたるかどうか」を判断したものである。事実関係としては、そもそも東電による海水注入は実際には中断されておらず、安倍氏のメルマガの内容は誤りだった。

震災当時に菅直人政権を近くで取材したひとりとして、「誤報」だと分かったことが、世間では修正されないままストーリーとして広まってしまった現状には、内心忸怩《じくじ》たるものを感じていた。このような背景もあり、菅氏が政権を去り、いつか世論が落ち着いた時に、改めて当時の菅政権の対応について、冷静に評価ができるようなものを世に問うことはできないかと漠然とした思いを長く抱いてきた。

ところが、そんな中で2020年、日本はコロナ禍という、あの震災に勝るとも劣らない「国難」に直面した。そして、あの時菅政権の原発事故対応について口を極めて罵っていた安倍氏が、自ら首相としてこの「国難」に対処することになったのだ。

その対応は、原発事故における政権対応をみてきた者にとって、正直あ然とすることばかりだった。あれほど当時民主党の政権運営の未熟さをあざ笑い、自らは「危機管理に長《た》けている」ことを売りにして、安全保障を中心に勇ましい打ち出しを続けていた安倍政権が、危機管理はおろか、国民の生命や生活を守る「普通の政治や行政」すらまともに行えないさまに、ただ驚くしかなかった。

イデオロギーや政策の方向性に賛否両論はあっても、自民党には戦後長く政権を維持してきた、ある種の安心感や安定感がある。支持政党の違いはあっても、こうしたイメージは、一定程度国民の共通認識になっている。筆者自身、漠然とそう考えていた。

その信頼がガラガラと崩れていった。

辞任会見で「最善の努力を重ねてきた」と胸を張った安倍首相。本当にそうなのだろうか。「病に倒れた悲劇の宰相」という辞任劇は演出されたものに過ぎないのではないか。

東日本大震災と福島原発事故から10年を迎えた節目に、当時の政治を取材したひとりとして、安倍政権のコロナ対応と、菅直人政権の原発事故対応を対比する形で振り返ってみたい。

ここに書かれることはすべての対応のごく一部に過ぎず、その評価も必ずしも的確ではないかもしれない。特に科学的な見地については、筆者は十分な判断基準を持ち合わせていない。だがそれでも「未曽有の国難と言える状況に、政治がどのように立ち向かおうとしたか」という点について、一定の「見方」を提示することは可能かもしれないと考えている。あくまでひとつの見方として接していただければありがたい。

目次

第2章　国民の権利と義務をどう扱ったか

宣言延長は「国民のせい」か
「1カ月で解除を」目標守れず／「国民への罰則」を求める声
原発事故と私権制限
初の原子力緊急事態宣言／「六法全書と首っ引き」の意味／
「避難指示」という名の強権発動／「撤退はあり得ない」の意味／
「SPEEDI」活用できず／原災法を「使い倒す」／
「強権」を国民のために使うとは

第3章　国民に何を語ったか

「答えない」「開き直る」記者会見の波紋
「政治決断」誇示の場に？／習近平訪日とオリンピックはまだあきらめない／
「まだ質問があります」／「責任を取ればいいというものではない」
専門家の見解を「ゆがめて」発信？
「最低7割、極力8割」／「緊急事態宣言延長」より伝わった「早期解除」

第4章　国民をどう支えたか

第1章　危機をどう認識したか

新型コロナウイルスに対する安倍晋三政権の対応で、筆者が今なお引っかかりを覚えているのが、2020年4月から始まった緊急事態宣言を中心とした「**国民の私権制限**」に**対する考え方**だ。コロナ対応に限ったことではないが、そもそも安倍政権が「政治権力を何のために使うのか」について、絶望的なまでに自覚がなかったことが、この問題で浮き彫りになったと思う。

ただ、国内で最初に新型コロナウイルス感染者の確認が公表（1月16日）されてから、緊急事態宣言の発出（4月7日）まで、3カ月近い期間がある。「安倍政権のコロナ対応」を振り返る時、いきなり緊急事態宣言の発出から話を始めると、サッカーで言えば後半開始あたりからスタートすることになってしまう。

そこで、私権制限に関することは次章に譲り、まずは緊急事態宣言発出までの安倍政権の動きをざっと振り返っておきたい。すなわち「**未曽有の国家的危機が発生した時に、政権がそれをどう認識して対処したか**」である。

「コロナ前」の安倍政権

目の前の課題「五輪」と「習近平訪日」

日本政府にとって2020年とは「五輪イヤー」であった。第2次安倍政権は、2012年の政権発足当時から「観光立国」をうたい、観光を経済政策の大きな柱に位置づけていた。実際に訪日外国人旅行者の数は順調に伸び続け、2019年には約3188万人と、政権発足時の2012年（約836万人）から4倍近くに増えていた（日本政府観光局調べ）。日本政府は2020年の東京オリンピック・パラリンピックを起爆剤として、訪日外国人旅行者を4000万人の大台に乗せる目標を立てていた。

同時に、2020年は対中関係においても大きなイベントが用意されていた。春に予定されていた、習近平・中国国家主席の国賓としての訪日である。中国国家主席が国賓として日本を訪問すれば、2008年の胡錦濤《こきんとう》氏以来12年ぶりとなるはずだった。

日中両政府は習氏の訪日に合わせ、「日中共同声明」（1972年）、「日中平和友好条約」（1978年）、「平和と発展のための友好協力パートナーシップの構築に関する日中共同宣言」（1998年）、「『戦略的互恵関係』の包括的推進に関する日中共同声明」（2008年）に続く「第五の政治文書」を作成する方向で検討に入っていたとされる。それは、翌2021年秋に自民党総裁の任期が切れ、一般的には首相も退任することになる安倍首相にとって、外交的な「レガシー」（遺産）とも位置づけられるものだった。

「桜を見る会」で「1強」に陰り

そんな晴れがましい舞台を前にしながら、安倍政権はそれまでのいわゆる「1強」状態に、かすかな揺らぎが感じられるようになっていた。

2012年9月の自民党総裁選に勝利して以来、国政選挙で6連勝、「1強」と呼ばれた盤石な政権の足下が揺らぎ始めたきっかけは、2019年11月8日の参院予算委員会だった。日本共産党の田村智子氏が、首相主催の「桜を見る会」の運営の不透明さについて質問したのだ。

田村氏は、安倍政権のもとで「桜を見る会」の参加者や支出額が年々増えていることを指摘した上で、「桜を見る会」に参加した首相の地元の県議や後援者らが、その様子を誇らしげに報告しているブログを次々に紹介。そして続けた。

「総理ご自身も、地元後援会の皆さんを多数招待されているんじゃないんですか」

「桜を見る会は、総理が後援会や支援者、（首相の選挙区である）山口県の関係者のご苦労を慰労し親睦を深める、そういう行事になっているんじゃないですか」

「これを政治家が自分のお金でやったら、明らかに公職選挙法違反。そういうことをあなたは、公的行事で税金を利用して行っているんですよ」

事実をもとに詰める田村氏に、首相は「個人情報であるため回答を控えさせていただいている」という答弁を繰り返すことしかできなかった。

この質疑が大きな注目を浴びると、森友・加計学園問題では反応が今ひとつだった世論に、とうとう火がついた。首相による「公的行事の私物化」として、世論の強い批判が巻き起こったのだ。

田村氏の質問からわずか5日後の13日、菅義偉《すがよしひで》官房長官は突然、記者会見で翌年度の「桜を見る会」の中止を発表した。しかし、事態はこれで幕引きとはならなかった。磁気健康グッズの販売預託商法を展開し、のちの2020年9月に詐欺容疑で逮捕されたジャパンライフの山口隆祥《たかよし》元会長らが「桜を見る会」への招待状を顧客勧誘に使ったことなど、新たな問題が次々と発覚。野党議員が資料要求した「桜を見る会」の招待者名簿が、その直後に大型シュレッダーで破棄されるなど、事後対応のまずさも重なり、問題はむしろ長期化の様相をみせ始めた。

翌12月の朝日新聞社の全国世論調査では、内閣支持率は38%と4割を切り、不支持率と逆転。与党側からは「年が明ければ雰囲気は変わる」と、問題の長期化による国民の「飽き」に期待する声が聞かれたが、野党側は「年末年始でこの問題を終わらせない」(立憲民主党・杉尾秀哉《ひでや》氏)と、さらなる追及に意欲をみせていた。

年明けの1月20日に召集される通常国会が冒頭から「桜」一色になることは、すでに確実な情勢だった。

武漢へのチャーター機派遣

「オリンピック」「習主席訪日」の晴れがましさと、「桜を見る会」問題が投げかける暗い影。そんな複雑な政治状況の中で、安倍政権は2020年を迎えることになった。隣国の中国・湖北省武漢市で原因不明のウイルス性肺炎の集団感染が発生したのは、まさにそんな頃だった。

年明けを翌日に控えた2019年12月31日、武漢市の衛生当局は「原因不明の肺炎患

者」の発生を公表した。年が明けた1月9日には、中国当局がこの肺炎について「新型コロナウイルスによるもの」と世界保健機関（WHO）に報告。そして、1週間後の1月16日に、日本の厚生労働省が、武漢市に滞在していた神奈川県の30代男性が新型コロナウイルスに感染していることを公表した。

国内初の感染者確認だった。

1月25日の春節（旧正月）に合わせて、中国からの訪日客が増えることが懸念されていた。政府は1月21日、「新型コロナウイルスに関連した感染症対策に関する関係閣僚会議」を首相官邸で開き、さらなる感染拡大の防止に向けて「新型コロナウイルスに関連した感染症への対応について」を決定した。対応方針は、①感染のリスクが高い地域からの入国者・帰国者に対する水際対策の徹底、②感染が疑われる者が確認された場合の適切な検査の運用と濃厚接触者の把握の徹底、③情報収集への最大限の努力、④国民への迅速かつ的確な情報提供——の4項目からなる。

安倍首相はこう発言した。

「今般の中国武漢市における新型コロナウイルスに関連した感染症については、我が国でも、先週、武漢市に滞在歴のある方について、初めての感染が確認されました。現時点で、

武漢からの帰国希望者を乗せた政府のチャーター機。第１便は１月29日と初動の対応は早かったが…（写真提供　朝日新聞社／ユニフォトプレス）

持続的なヒトからヒトへの感染が確認されている状況にはありませんが、中国では引き続き患者数が増加しており、一層の警戒が必要となります。

このため、厚生労働大臣をはじめ、関係閣僚におかれては、本日決定した対応方針の下、検疫における水際対策の一層の徹底、国内で関連性が疑われる患者等を把握し、検査する仕組みの着実な運用、国際的な連携を密にし、感染症の発生状況等の情報収集の徹底などに万全を期してください。その上で、国民に対し、引き続き迅速かつ的確な情報提供を行っていくよう、よろしくお願いします」

この２日後の23日、武漢市で突然の

「都市封鎖」が行われた。首相は26日、都市封鎖が行われた**武漢市に滞在する日本人の希望者全員を、チャーター機で帰国させる措置を発表。29日には乗客206人を乗せた第1便が羽田空港に到着した。チャーター便はその後、2月17日まで計5回運航され、計828人が帰国した。**

中国側にチャーター機の武漢派遣が認められたのは、米国に次いで2カ国目。日本政府の対応の早さは一定の評価を受けたが、一方で**チャーター機を利用した日本人にひとり約8万円の負担を求めようとした**ことは世論の反発を浴びた。与野党から見直しを求める声が出され、安倍首相は1月31日の衆院予算委員会で、チャーター機の運賃について「政府が負担する方向で検討します」と答弁した。

費用負担の問題はともあれ、安倍政権のこの迅速なチャーター機派遣は、比較的高く評価された。特に、政権のコアな支持者に受けがよかったようだ。ひとつは、政権が売りにしてきた「危機対応への強さ」のアピールにつながったこと。もうひとつは、一見「発生地となった中国に強い対応をした」という印象を与えたことだ。

安倍政権を強く支持するコアな層は、政治的にタカ派、反動的な傾向があり、特に中国や韓国に対する嫌悪感が強い。新型コロナウイルスが最初に中国で発生したことを、彼らは必要以上に強調した。彼らの一部は、新興の感染症をその発生地の名で呼ばないというWHOの呼びかけもお構いなしに「武漢肺炎」などという言葉を平然と使い、感染拡大をひとえに中国一国の責任に押しつけるかのような言説を展開していた。彼らにとっては「感染症の発生地となった中国に乗り込み邦人を救出した」的な、ある種のヒロイズムを刺激されるところもあったのかもしれない。

とにかく、政権発足以降「危機対応への強さ」を「売り」にしてきた当時の安倍政権にとっては、このチャーター機派遣はある種の「成功体験」とみられていたふしがある。政権に近い筋からは、新型コロナウイルス問題に焦点をあてることで、「桜を見る会」での野党の追及を避けることを狙う言動もみられた。

実際、自民党の世耕弘成《せこうひろしげ》参院幹事長は1月29日朝、ツイッターでこうつぶやいている。

「今、参議院内の幹事長室で予算委員会を見ています。野党の質問が始まって40分経過しましたが、先刻武漢からの飛行機が到着し、目の前に総理や厚労大臣等、新型コロナウイルス感染症に対応している責任者が列席している。このシチュエーションで感染症について質問をしない感覚に驚いています」

この日の参院予算委員会で、立憲民主党の蓮舫《れんほう》参院幹事長が「桜を見る会」問題を追及し、新型コロナウイルスの問題に触れなかったことを批判したのだ。それだけ「桜を見る会」に対する政権側のいらだちが、当時は強かったということだろう。

「水際対策」へのこだわり

1月21日の対応方針からも分かるように、この頃の安倍政権にとって新型コロナウイルス問題とは「水際対策」、すなわち入国管理の問題だった。**武漢市を含む中国・湖北省からの入国者を水際で管理すれば、国内での感染は抑えられると考えられていた。**

この時点で日本政府は、中国からの入国制限などの措置はまだとっていなかった。それが「習近平訪日」を控えた中国への配慮だったのかどうか、筆者は十分な判断材料を持たない。ただ、2020年10月に公表された『新型コロナ対応・民間臨時調査会　調査・検証報告書』（一般財団法人アジア・パシフィック・イニシアティブ）には、こんな記述がある。

「ある官邸スタッフは、**習近平国家主席の国賓訪日を控えていたことから中国に対してトランプ**（米）**大統領より緩い立場を取りたい**という意見があったことや、**ヨーロッパ各国も中国からの入国拒否に踏み切っていない中で日本が上陸拒否に踏み切るのは難しかった**こと等が背景にある旨を明かした」

この記述の直後に、外務省幹部の「国賓訪日を実現しなければいけないから国民の健康を犠牲にしてもいいという判断は成り立たない」との証言も紹介されているが、政権内の一部に「習近平訪日」を意識してコロナ対策で厳しい措置をとりにくい、との考えがあったのは確かなようだ。

ところが、そうしている間に、事態は思わぬ方向に進む。最初の対応方針が出た1週間後の1月28日、**厚生労働省は武漢への渡航歴がない、奈良県在住の60代男性の感染を発表した。武漢からのツアー客を乗せたバスの運転手だった。**

日本国内で人から人に感染したケースが、初めて確認されたのだ。

2日後の30日には、チャーター機で武漢から帰国した人の中に、無症状の感染者が確認されたことも分かった。これらは、日本政府も把握していない中、**ウイルスがすでに「水際」をすり抜け、市中感染が始まっていた可能性を示唆していた。**後になって分かったことだが、**1月18日には東京都内の屋形船で集団感染が起きていた。**

官邸は危機感を募らせた。政府は1月30日の閣議で、新型コロナウイルス感染症対策本部の設置を決定。安倍首相は2月1日の第4回会議で、国内対策に言及する。

「国内の感染例も広がり、高まる国民的不安への対応も一層強化する必要があります。迅速、的確な情報発信はもとより、厚生労働省においては、各地の自治体や関係団体とも連携の上、相談体制を抜本的に拡充するなど、様々な不安の声に対応する体制を強化してください。全国各地において、必要な診察や検査をしっかり受けられるよう、検査体制や医療用品の整備など、地方における医療体制の充実を進めてください。

関係閣僚においては、何よりも国民の命と健康を守ることを最優先に、必要な対策は躊躇《ちゅうちょ》なく実行するとの方針の下、予備費の使用も視野にいれて、さらなる対応策を早急に策定し、至急実行に移してください」

「今回の新型コロナウイルスをめぐっては、既に、観光を含めた地域経済をはじめ、我が国の経済社会全般にわたって、大きな影響をもたらしています。こうした影響についても十分に目配りし、与党の声も伺いながら、政府として万全の対応をとっていく考えです」

この発言にみられる安倍首相の危機感と問題意識は、それなりに的確だったと考えられる。だが、この日の政府の動きで最も注目されたのは、**武漢市を含む中国・湖北省からの入国者について、出入国管理法第5条第1項第14号の「日本国の利益又は公安を害する行為を行うおそれがあると認めるに足りる相当の理由がある者」に基づき、上陸を原則として拒否する措置を開始したこと**だった。

２月４日に大規模集団感染が確認されたダイヤモンド・プリンセス号。日本でのコロナ禍の混乱はこのあたりから本格化してきた（写真提供　朝日新聞社／ユニフォトプレス）

ダイヤモンド・プリンセス号の混乱

安倍政権が「武漢からの入国者に対する水際対策」に気をとられている間に、思わぬ事態が政権にのしかかった。2月3日、乗客3711人（うち日本人1281人）を乗せて横浜港に到着したクルーズ船「**ダイヤモンド・プリンセス号**」で、**大規模な集団感染が発生**した。中国以外では初めての大規模な集団感染の発覚だった。

船は1月20日に横浜港を出発。鹿児島、香港《ホンコン》、ベトナム、台湾、那覇をめぐり、2月4日に横浜港に到着する予定となっていたが、横浜港に入港する前、香港で下船した80歳男性が新型コロナウイルスに感染していたことが判明。男性は乗船する前日の1月19日からせきの症状があり、鹿児島に寄港した際には、下船して乗客向けのバスツアーにも参加していたという。

ダイヤモンド・プリンセス号は2月3日に横浜港に到着したが、政府は乗客や乗員の下船を認めず、厚労省は同日、乗客や乗員の検疫を開始した。出港時からこの日までの間に発熱などの症状が出ていた人や、その人と同室の人の検体を採取したのだ。

この時点で政府は、体調に問題のない人は下船させる方針だったという。だが、翌4日に一部の検査結果が判明した31人のうち10人が感染していたことが明らかになる。船内に相当数の感染者がいることを疑わせるに十分な数字だった。これによって政府内の楽観論は一変する。

『新型コロナ対応・民間臨時調査会　調査・検証報告書』によれば、菅《すが》義偉官房長官は調査会のヒアリングに対し、こう答えている。

「(厚労省からの報告を受け)これは大変なことになると思いました。そこで、(加藤勝信厚労相、(赤羽《あかば》一嘉《かずよし》)国交相、(沖田芳樹《よしき》)内閣危機管理監に加えて関係省庁の次官や局長を深夜12時に招集して、対応を検討しました」

協議の結果、**陽性の乗客や乗員は下船させ、しかるべき医療機関に搬送する一方で、症状のない乗客乗員は、14日間の健康観察期間が終了するまで船内に留め置くという方針が決まった。**背景には3700人もの人を下船させても、受け入れる宿泊施設が確保できないという事情もあった。武漢からのチャーター機で帰国した人の受け入れ先がなかなか見つからずに混乱をきたしたことも、頭の片隅にあったのかもしれない。

2月5日朝、ダイヤモンド・プリンセス号の船長は船内アナウンスで、乗客に「客室から出ることを控え待機する」よう求めた。この日の政府新型コロナウイルス感染症対策本部で、加藤厚労相は次のように発言した。

「ウイルスの有無を科学的に確認せずに疫学的な条件のみで判断する場合には、最大14日間の潜伏期間を想定した措置をとっており、それを踏まえて入国制限等を実施しています。残る乗員乗客には、そういった考え方を踏まえて、必要な期間、引き続き船内にとどまっていただきたい」

ところがこれ以降、政府が発表する船内の感染者数は日に日に増加。最終的な感染者数は712人に達した。

船内に留め置かれている乗客からの不満の声が伝わった。海外メディアからは、乗客を閉鎖された空間にとどめることで、かえって感染リスクを高めているとして、日本政府の感染症対策に対する厳しい目が注がれるようになった。中には、クルーズ船が「新型ウイルスの培養器になってしまったようだ」という報道もあった。

「乗客乗員の船内待機」方針決定から8日後の13日、菅官房長官は記者会見でこう述べた。

「新型コロナウイルス感染症とは別に、年齢や基礎疾患などの健康確保の観点からのリスクが高い方については、陰性が確認された場合には下船して宿泊施設で生活していただくか、船内にとどまっていただくか、ご意向をうかがうことにした」

事実上の方針転換だった。のちに首相になる菅氏の、この記者会見での記者とのやり取りが興味深い。

「下船の選択を今回できるようにしたのは、なぜこのタイミングになったのか」(記者)

「冒頭申し上げた通りであります。入国後にまずは発熱症状のある方、さらにその濃厚接触者、そして香港で感染確認された方の濃厚接触者の検査を行ってきました。その上で、新たに症状が出た方に加えて、80歳以上、これ高齢者などの優先度の高い方からできる限りこの検査を進めてきました。そうした中にあってですね、このコロナウイルス感染症とは別に年齢や基礎疾患などの健康確保の観点からリスクが高い方について、陰性が確認された場合には下船して宿泊施設で生活していただくか、船内にとどまっていただくかということは、ご意向をうかがうことにしたということであります」

「最終的にこの判断に至った背景というのは、態勢が整ったからなのか、各国から要望があったからなのか、船内の環境が変化したという判断なのか、その判断の背景というのはいかがでしょうか」（記者）

「判断の背景というのは今、私が申し上げた通りであります」

見事に説明していない。というより、説明する気を感じさせない。こうした姿勢が残念ながら、首相就任後も続いていると断じざるを得ない。

話がそれてしまった。ともかく、陰性が確認された乗客の下船は2月19日に始まった。初日に下船した乗客は443人。**乗客たちは公共交通機関を使って帰宅の途についた。**この日の衆院予算委員会で**加藤厚労相は「国立感染症研究所からは、PCR検査が陰性で、そして14日間体調に異常がなければ、公共交通機関を使っても差し支えないという見解が示され、結果として下船ということにさせていただいた」と説明した。**

ところが、それからわずか3日後の22日、栃木県はダイヤモンド・プリンセス号に乗船していた60代女性が新型コロナウイルスに感染していたと発表した。この女性は14日間の健康観察期間に行われたウイルス検査で「陰性」と判断されて下船していたのにだ。

翌23日、**加藤厚労相は記者会見で「下船者は公共交通機関の利用を控えてほしい」と呼びかけた。4日前の国会答弁などなかったかのように。**

「市中感染」への認識薄く

ここまでの流れで問題にすべきなのは、**安倍政権が初動において、市中感染による感染者急増の可能性に十分な注意を払わず「水際対策さえしていれば、国内での感染拡大は封じ込められる」と軽く考えていたとみられる**ことだと思う。水際対策、すなわち「外国から日本にウイルスを持ち込ませない」ことに気をとられ過ぎ、この時点ですでに始まっていただろう市中感染への対応、すなわち「国内のウイルスから国民を守る」ことへの意識が遅れたことが、問題を大きくした。

相手は未知の感染症という「国難」だ。それも震災のように分かりやすい危機の到来とは違い、まさに知らぬ間にしのび寄ってきた危機である。政権側がそう簡単に完璧な対応などできるものではないし、また武漢へのチャーター機派遣などの対応については、一定程度の評価はされていいと思う。

だが、中国は経済をはじめ日本との結びつきが非常に強い隣国だ。グローバル化が進み、人の往来がこれほどまでに激しいこの時代に、安倍政権が水際対策だけで国内の感染拡大を完全に食い止められると考えたのだとしたら、それはやはり危機感が薄いと評価せざるを得ない。少なくとも、国内で人から人への感染（1月28日）や、無症状の感染者の存在が確認された段階（同30日）で、もう少し国内の感染拡大に向けた積極的な対策を打つことはできなかったものだろうか。

安倍首相は2月5日の政府対策本部で、こう発言している。

「水際対策の強化はもとより、国内の検査体制や相談体制の充実・拡大といったまん延防止対策の強化も喫緊の課題です。現在、国立感染症研究所や地方衛生研究所で行っている検査について、民間の検査機関においてもできる体制の構築に向け取り組んでいるほか、全国の自治体や関係団体において相談体制を充実しているところでありますが、引き続き体制の整備に向けて取り組み、国民の不安や声をしっかりと受け止めてください」

問題意識はさほど間違ってはいない。しかし、それが国民を十分に安心させるだけの施策に結びついていないのだ。

安倍政権は何かにつけて「官僚の忖度《そんたく》」が批判の対象にもなってきたが、コロナ禍のような、いざという局面になると、官邸は霞《かすみ》が関《せき》を有効に機能させることができなかった、と言ってよいのではないか。

実際、2月5日の安倍首相の発言後も、全国で「PCR検査を受けたくても受けられない」「保健所で断られる」といった訴えが続出した。安倍首相は2月29日の記者会見で「かかりつけ医など、身近にいるお医者さんが必要と考える場合には、すべての患者の皆さんがPCR検査を受けることができる十分な検査能力を確保いたします」と表明。4月6日の政府新型コロナウイルス感染症対策本部では、検査体制の「1日2万件」を打ち出したが、実際に2万件を超えたのは、5月15日のことだった。まさに「笛吹けど踊らず」で、安倍首相がいくら号令をかけても、厚生労働省を有効に動かせていなかったのである。

安倍政権がこの時、厚労省を動かせなかったのにはさまざまな要因はあるだろう。ただ、安倍政権が初期の段階で「国内対策を最優先課題と意識していなかった」、すなわち水際対策に意識が偏り過ぎていたため、官僚に国内対策への意識を徹底させることができなかった、ということも、大きな要因のひとつとしてあるのではないかと、筆者は考えている。

そして結局、そこまで水際対策にこだわりながら、実はその水際対策自体も十分徹底できなかった。日本政府は2月1日、湖北省からの外国人の入国を拒否したが、米国はそれ以前に中国全土への渡航中止勧告を出しており、オーストラリアなど多くの国々がこれに追随していた。また、この後の話になるが、欧州各国からの入国制限は、さらに遅れることになる。日本政府が欧州のほぼ全域からの入国を禁止したのは、2カ月近く後の3月27日だった。

なぜ水際対策にこだわり、市中感染への対策が遅れたのか。なぜ水際対策自体も不十分なものに終わったのか。まとめてしまえば、それは「危機を過小に評価しようとした」ということだと思う。

習近平・中国国家主席の訪日を控えていた、東京オリンピック・パラリンピックへの悪影響を恐れていた、そういうことが実際に意識の隅にあったのかどうか、為政者の内心まで判断するすべはない。だが、例えばWHOに働きかけてまで、ダイヤモンド・プリンセス号の感染者数を国内の感染者と区別して発表してきたこの1点だけをみても、「日本では感染拡大は深刻な問題ではない」ことを内外にアピールしようとした狙いが透けてみえはしないか。

そして、危機を過小評価しておいて、いざ問題が大きくなると、あわてて当初方針を泥縄で変更し、今度は過剰な対応をとる。ダイヤモンド・プリンセス号の乗客乗員に対する方針の二転三転は、まさにそうだった。

この政権は本当に「危機管理に強い政権」なのか。そんな疑問が国民の間にじわじわと広がり始めた。そしてこの頃には、政権の支持者による「野党は『桜』より『コロナ』をやれ」という批判は、ほとんど聞かれなくなっていた。

「厚労省以外は人ごと」

安倍政権のコロナ対応に批判や疑問の声が大きくなるにつれ、筆者は安倍政権のコロナ対応に、徐々に関心を抱き始めた。安倍政権の対応を、東日本大震災当時の菅《かん》直人政権(民主党)と重ねてみるようになり始めたからだ。そしてちょうどそんなタイミングで、ある国会質疑が目にとまった。

2月26日の衆院予算委員会集中審議で、震災当時に菅直人政権の官房長官として対応にあたった立憲民主党の枝野幸男代表が質問に立った。枝野氏はまず、自らの東日本大震災での経験に触れた。

「種類は違うが私も9年前、同様の事態に対応する経験をした。その経験も踏まえ、野党としても（政府に）協力する立場で、われわれのところに入る情報を共有し、政策提言してきた」

枝野氏は政権側との対立をあおることは抑え目にしながら、前半はダイヤモンド・プリンセス号の乗客への対応の不手際や不十分な情報公開などを、一つ一つただしていった。興味深かったのは、質問の中盤以降だ。枝野氏が焦点を当てたのは、政府の新型コロナウイルス感染症対策本部の運営だった。

「政府全体の危機意識が足りないんじゃないか」

前述したように、安倍首相を本部長にして全閣僚で構成される対策本部は、1月30日の閣議で設置され、この日の枝野氏の質問までに、計14回の会合を重ねていた。

枝野氏は「記録を（首相官邸の）ホームページなどから把握できた6回目以降、厚生労働省以外で、対策本部に資料提出した省庁はありますか」とただした。菅《すが》官房長官は「国家安全保障局2回、出入国在留管理庁1回、内閣官房健康・医療戦略室1回」と答弁した。

枝野氏はすかさずこう突っ込んだ。

「厚生労働省（だけ）なんです。ほかの役所は人ごと」

厚生労働省を除く省庁の当事者意識の欠如に対する苦言だった。

枝野氏はそこから立て板に水の勢いで、政府が対応すべき問題を次々と列挙した。

「交通機関の問題がある。これは国土交通省」「学校に対する影響は文部科学省。入試の時期でもある。どうしていくのか」「経済に対する影響は経済産業省。農業に対する影響もある」

細かな指摘の背景には、東日本大震災の際の政府対応に関する記憶があった。

「東日本大震災では、それぞれの所管官庁で対応しなければならないことについて、わが省はこういうことをやる、という（報告が）いくつも出ていた。（今回の新型コロナウイルス問題では）そういうのが一切ない。厚労省に押しつけて、政府を挙げてやっている感覚が足りないのではないか」

「各省庁でどんなこと（対応）をやっているのか、時間がないなら資料配付だけでも共有して、感染拡大防止と、それによる社会的影響をいかに最小化するかについて大きな役割を持っているんだという当事者意識を、各閣僚が持ってもらわないといけない。その問題意識を持つための対策本部でもある。そうしたことをやっていないから、私用で3人もの大臣が大事な対策会議を欠席するようなことになるんじゃないですか」

枝野氏は、2月16日に開かれた政府の対策本部で、小泉進次郎環境相、森雅子法相、萩《はぎ》生田《うだ》光一文部科学相の3人が、地元の行事に参加するなどの理由で欠席したことを突いた。各閣僚がコロナ禍を「自分の役所は関係ない」とみている意識を、痛烈に皮肉ったのだ。

この日、枝野氏がもうひとつ指摘したのは「省庁を横断した人手の確保」だった。

「厚労省は人手不足だと思う。感染防止に直接かかわることは厚労省にしかできないかもしれないが、地方（自治体）から情報を集めて資料にして、何件検査ができているか把握するといったことは、他の役所から人を出してもらってできるはずだ。そういうことをこの対策本部でやったんですか」

「きのう（2月25日）、政府の基本方針が出されたが、（記者）会見したのは（加藤）厚労相じゃないですか」「基本方針の中身は厚労省の所管だけではないのに、何で厚労相が発表するのか。政府全体の危機意識の欠如だと言わざるを得ない」

「国民に『安心してください、ここまでやっていますよ』と言う責任があるのは、総理や官房長官ではないんですか。違いますか」

枝野氏は東日本大震災での自身の経験があったからこそ、安倍政権の対応の不足が分かる。厳しい追及の中にもそれなりに節度のある質疑ができるし、だからこそ政権側も、野党の厳しい質問に一定の敬意を払うことができるだろう。与野党の政権交代が起こりうる政治の意義は、野党側も政権運営の経験を持ち、相手を分かった上での質疑ができることなのだ。枝野氏の質疑を聞きながら、筆者はそんな感慨を抱いた。

　しかし、安倍首相の答弁が、そんな一瞬の感慨を吹き飛ばした。

「感染症対策については、連日、関係省庁から報告を受けるとともに、私を本部長とする対策本部において、関係閣僚に対して必要な指示を行うなど、政府一丸となって全力で取り組んでいる。対策本部の際は報道陣の目の前で、私から直接指示を出している。官房長官も毎日2回会見を行い、われわれがどういう対策をしているのか説明している」

「私は一生懸命やっている！」ということは繰り返されるが、肝心の「何をやっているか」が全くなかった。非常に空疎な答弁だった。

　今回のコロナ禍で、のちに「ステイホーム」を強いられることになった多くの人々が、テレビやインターネットを通じて生の国会中継に接する機会が増え、切り貼りされていない国会質疑に触れた。そのことと、コロナ禍で安倍政権が行き詰まったこととは、あながち無関係ではないように思われる。

原発事故、最初の3日

「政権の危機」下での発災

前述したように、新型コロナウイルス問題が発生した時、安倍政権は「桜を見る会」問題によって、それまでの「1強」状態に陰りがみえ始めていた。しかし、東日本大震災と、それに伴う東京電力福島第一原発事故が発生した時の菅《かん》直人政権の置かれていた厳しい状況は、安倍政権の比ではなかった。

菅氏が首相に就任したのは2010年6月8日。前任の鳩山由紀夫政権が、沖縄県の米軍普天間飛行場の移設問題などをめぐってつまずき、退陣したことを受けての突然の就任だった。

前年の2009年に、戦後初の「総選挙による政権交代」で自民党を下野させ、国民の大きな期待を背負って誕生した民主党政権だったが、鳩山政権のつまずきでその期待は大きくしぼんでいた。一方、鳩山政権下で民主党幹事長を務め、党内で隠然たる力を持っていた小沢一郎氏は、菅政権下で幹事長を外れたことから、反主流派的ポジションをとるようになっていった。

この状況下で菅首相は6月17日、就任の約1カ月後に控えていた参院選のマニフェスト（政権公約）を発表する記者会見で、当時5％だった消費税率の引き上げを含む税制改革について「2010年度内に改革案をとりまとめたい」と表明。当面の消費税率は「自民党が提案している『10％』をひとつの参考にさせていただく」と述べた。

衆院選のマニフェストで封印されていた消費増税への言及。世論に加えて党内からも反発が出た。小沢氏は「約束したことを守るのが政治だ」と、菅首相を公然と批判。のちの党内政局の火種をつくってしまった。

しかもこの参院選で民主党は44議席と、改選前の54議席を大きく下回る惨敗を喫し、参院で与野党の勢力が逆転する「ねじれ国会」状態になった。政府提案の予算案や法案は、自民党を中心とする野党多数の参院に阻まれ、簡単に成立しない状態が生まれてしまったのだ。

そんな政治状況下で、参院選から2カ月あまり後の9月、任期満了に伴う民主党代表選が行われ、菅首相の対抗馬として小沢氏が立候補した。党を二分する激しい選挙戦の末、菅首相はどうにか勝利したが、政治的な体力は大きく損なわれた。

その後も、尖閣《せんかく》諸島周辺での中国漁船衝突事件（9月）など厳しい政権運営が続いた菅首相。極めつけが翌2011年3月11日、『朝日新聞』朝刊が1面トップで報じた首相自身の外国人献金問題だった。菅首相の資金管理団体が2006年と2009年、在日韓国人系金融機関の元理事から計104万円の献金を受けたという内容だ。献金は「通名」である日本名で行われていた。

この報道が菅首相に大きな政治的打撃を与えることは、容易に予測できた。そのわずか5日前、菅政権で外相を務めていた前原《まえはら》誠司氏が、同様の問題で辞任していたからだ。一歩間違えば、あの2011年3月11日は「菅首相辞任の日」として記録されていても不思議はなかった。

しかし、そのような事態は起きなかった。菅首相は朝刊の報道を確認した上で「絶対に辞めない」と言い残し、執務に向かった。

その日は参院で決算委員会が開かれた。全閣僚とともに委員会に出席した菅首相は、外国人献金問題をめぐり野党の集中砲火を浴びた。

午後2時46分。未曽有の震災が国会を襲ったのは、まさにそんなさなかのことだった。

「暫時ちょっと休憩」。鶴保庸介《つるほようすけ》委員長（自民党）の声が、参院第1委員会室に響いた。地震による大津波は、北海道から関東にかけて広い範囲の沿岸部に甚大な被害をもたらし、さらに福島県大熊町《おおくままち》、双葉町《ふたばまち》に位置する東京電力福島第一原発も直撃した。発災から約2時間後の午後4時36分、福島第一原発の1、2号機で、炉心溶融（メルトダウン）を防ぐための冷却システムがダウン。このままでは核燃料が損傷し、大量の放射性物質が外部にまき散らされてしまう。東京電力は午後4時45分、原子力災害対策特別措置法（原災法）第15条に基づく特定事象の発生を報告した。原子炉の冷却機能が失われるような重大な緊急事態の発生を示す「15条事態」であった。

政権基盤が極めて脆弱《ぜいじやく》な状態にあった首相が突然、戦後最大級の「国難」とも呼べる事態に対峙することになったのである。

官邸に情報が届かない

原発事故の初動対応で菅直人政権が批判される時、第一に挙げられるのが、原発事故発生翌日の3月12日早朝、首相自らがヘリで原発の視察に向かったことだろう。「危機の際に首相が官邸を離れるべきではない」との批判が起きた。

こうした批判が出ることは極めて当然のことだ。ひとつの事実に対して肯定的、否定的の両面でさまざまな評価がなされることは、むしろ望ましい。

ただ、視察に至る経緯や目的、あるいは視察の「影響」について、事故後の相当早い段階で誤った認識が広がり、それは今も払拭されていないと筆者には思える。ここで、事故発生から視察前後の動きを、政府の東京電力福島原子力発電所における事故調査・検証委員会（政府事故調）が菅首相を聴取した際の調書などをもとに振り返ってみたい。

官邸は事故発生直後、経済産業省の原子力安全・保安院を窓口として東京電力とやり取りをしていた。それが原発事故をめぐる行政機関の通常の情報伝達ルートだからである。発生当初は「原子炉は地震の影響で自動停止した」とされ、保安院も原子炉について「現状では大丈夫」と官邸に報告した。地震と津波による甚大な被害が想定されたことから、官邸は発生直後の1〜2時間、まず人命救助に総力を挙げた。

ところが、原子炉の冷却ができなくなり、原災法15条事態が発生するという状況を受け、官邸は急速に原発事故対応に傾斜していく。菅首相は保安院、内閣府の原子力安全委員会、東電の三者の責任者を官邸に呼び、状況をただした。菅首相の調書にはこうある。

「それは現在の状況ですね。炉でいえば、つまりは全電源が喪失していると。冷却機能が停止していると。それがどういうことを意味するのか。それが回復できるのかどうか、あえて言えば、その原因はどこなのかとか、それを回復するにはどうしたらいいのかとか、あるいは見通しはどうなっているとか」

ところが、保安院の寺坂信昭院長の説明が、菅首相にとってはどうも要領を得ない。

「炉とか何とかのことについての基礎的な認識が必ずしも十分ではなかった」「何回聞いてもよく理解できないものですから（中略）『専門家ですか』と聞いたら、『そうではない』と言われたので」

寺坂院長は経済学部出身だった。原子力安全・保安院の責任者が、原子力について専門的な知識を持っていなかったのだ。調書で菅首相はさらにこう続けている。

「もちろん、（寺坂院長は）当時は私の部下でありますから、そういう意味では、私にも行政の在り方としては、広い意味では（首相として）責任があるのですが、やはり率直に言ってびっくりしましたよ」

批判覚悟の原発視察

とにかく原子炉を冷却しなければならない。冷却システムを再起動させるための電源車を、7〜8時間以内に原発に送り込む必要があった。タイムリミットは3月11日午後11時から12日午前0時前後。東電からの要請を受け、官邸は大畠章宏《おおはたあきひろ》国土交通相の指揮で「電源車輸送作戦」を展開した。現地に向かった電源車は60台あまり。地震による被災で輸送は困難を極めたが、それでも最初の電源車が午後9時過ぎ、原発から約5キロ離れた国の対応拠点「オフサイトセンター」(福島県大熊町)に到着した。官邸内では「やったあ」という喜びの声が上がった。

ところが、ここで思わぬ誤算が発生した。「接続プラグのスペックが合わず、電源がつながらない」「電源盤が使用できない」……。到着した電源車が使いものにならないとの報告が、次々に上がってきたのだ。

当時官房副長官を務めていた福山哲郎氏は、この時の落胆を著書『原発危機 官邸からの証言』(ちくま新書)でこう記している。

「東電は電気屋さんではないのか。その東電が『電源がほしい』と言うから自衛隊を動員してまで、やっとのことで送り込んだ。ところが、接続プラグのスペックが合わない、ケーブルの長さが足りない、などと言うのだ。電気屋で電気がつなげないのなら、いったいこの国では誰が電気をつなげるのか。何のために走り回って、これだけの電源車を送ったのか」

電源車が使いものにならない以上、原子炉が冷却できない状況は続く。格納容器の圧力が異常に上昇し、爆発する危険がある。これを避けるために東電が官邸に説明したのが、格納容器の弁を開けて水蒸気を逃がし、圧力を下げる作業が必要だ、ということだった。「ベント」と呼ばれる。

ベントの必要性は、東電側から言及があった。しかし、放射性物質を人為的に外部にまき散らすことにつながる行為であり、過去に実施された例はなかった。

その日の深夜から明け方にかけて、菅首相は官邸地下の危機管理センターで、海江田《かいえだ》万里経済産業相や班目《まだらめ》春樹・内閣府原子力安全委員会委員長らを交えて対応を協議した。

「関係者に全部聞きました。原子力安全委員会、原子力安全・保安院、もちろん当事者にも。やはり、格納容器が圧力でぼーんといったら（爆発したら）大変なことになる。若干のこと（放射性物質の放出）があってもベントをやらざるを得ないと。それはみんなが一致しました。ですから、そういう方針でやってくれということを言ったんです」（政府事故調）

12日午前1時30分、官邸は海江田経産相の名で、東電にベント実施を要請した。放射性物質を外界に放出することへの批判を覚悟の上での政治決断だった。ベントを決断できた背景には、その約4時間前の11日午後9時23分に、原発から半径3キロ圏内の避難と3～10キロ圏内の屋内退避の指示を出していたこともあっただろう。

菅首相らは官邸に詰めていた東電の武黒《たけくろ》一郎フェローから、原発の状況について報告を受けていた。武黒氏は当初、ベントについて「準備に2時間ほどかかる」と説明していた。そのため菅首相らは「午前3時頃にはベントが始まる」と認識していた。ところが、その後「ベントが始まった」という報告が、全く来ない。

「みんなで相談して（ベントを）やりましょうと。やってくださいと。なかなか進まない。何で進まないいんですかと言うと、わからないと。（中略）例えば現場がこういう理由で時間がかかるというなら、その理由がわかればいいわけですが、『やりたい』と言っていて、『やってください』と言ったら、やれない、やらない、理由はわからない」（政府事故調）

菅首相だけではない。枝野幸男官房長官らほかの政治家たちも、東電の反応にいらだちと困惑を募らせていった。

こうした状況の中、菅首相は原発視察の検討に入る。ここは、菅氏が原発事故10年を前に、自身のホームページに掲載した説明を引用する。

「とにかく、震災直後から、私のもとへは確かな情報がほとんど来ませんでした。現場の様子が分かりません。原発の現場から東電本店、本店から保安院、保安院から官邸、あるいは本店から官邸にいた東電の社員といった形で『伝言ゲーム』が行われていたのです。その伝言が正確であればまだいいのですが、どこかの段階で重要なことが抜け落ちていたり、故意ではないにしろ、歪《ゆが》んで伝えられている可能性もありました。官邸の指示が現場で対応にあたっている人たちに本当に伝わっているのか、それさえ分からなかったのです。物事を判断するには、指示がしっかり当事者に伝わることが大切です。現地の責任者と直接話をしなければならない。そう強く思いました。それで、短時間でも現地に行こうと決めたのです」

吉田昌郎《まさお》所長と対面

本来であればこうした政府の対応は、被災した現地の対策本部で検討されるべきものだ。ところが地震による被害が甚大で、肝心の現地対策本部（オフサイトセンター）が、この時点では全く機能していなかった。関係者が集まれる状況になかったのだ。このことも、菅首相を視察に傾かせた。以下は政府事故調の調書に残る菅首相の証言である。

「原子炉について云々《うんぬん》ということまでやるのが一般的に総理の仕事だとは、今でも思っていません。しかし、その時点でだれかがそういうきちんとした情報のやりとりがあって、しかも、それがそれなりの判断ができる（中略）そういうものが全部機能して動いていれば、必ずしも行くという判断はしていないと思います。そういうことが機能しない中で、何もしないいか、私自身が行くか（中略）行った方がいいと私は判断して」

菅首相とともに官邸で震災対応にあたっていた枝野官房長官は、この時一度、首相を制止している。「指揮官が官邸を不在にすると、後で批判されます」。あくまで政治的に批判を受けるということについて、首相を心配したのだ。しかし、菅首相の考えは揺るがなかった。「この場にいても何も分からない。これでは何も決断できない」。最後には枝野氏も「分かりました。視察中のことは私が責任を持ちます」と納得した。

3月12日午前6時14分、菅首相は内閣府原子力安全委員会の班目春樹委員長らとともに、陸上自衛隊のヘリで首相官邸を飛び立った。約1時間後に原発に到着した菅首相は、現場で事故対応を統括する吉田昌郎所長と対峙した。吉田所長は原発1号機の大きな図面を机の上に広げて、状況の説明を始めた。菅氏のホームページから引用する。

「2階の会議室には大きなモニターとテーブルがあり、テーブルには原発の地図がありま

福島第一原発で吉田所長（右から２番目）から状況の聞き取りをする菅首相（左から２番目）（写真提供　共同通信社／ユニフォトプレス）

した。私はそこで初めて、吉田昌郎所長と対面したのです。

吉田所長は、私がこれまで官邸で接してきた東電の社員とは全く違うタイプの人間でした。自分の言葉で状況を説明してくれました。『電動でのベントはあと4時間ほどかかります。手動でやるかどうかを1時間後までには決定したい』という話でした。

しかし、ベントは（12日午前）3時ごろに行われるはずでした。その時刻からすでに4時間が過ぎているのに、そこからさらに4時間も待て、というのはどういうことか。そもそも『ベントが必要だ』と言ってきたのは東電の方じゃなかったのか。格納容器爆発の可能性は大きくなっています。私は言いました。

『そんなに待てない。早くやってくれないか』

吉田所長は『決死隊を作ってやります』と答えました。口ごもるだけの武藤副社長とは全く違いました」

ベントが開始されたのは視察の約3時間後の、午前10時17分だった。

一方、菅首相に対峙した吉田所長は、ベントと首相視察について、政府事故調にこのように答えている。

「一番遠いのは官邸ですね。要するに大臣命令が出ればすぐに（バルブが）開くと思っているわけですから、そんなもんじゃないと」

「（ベントについて）こちらでは頭にきて、こんなにはできないと言っているのに何を言っているんだと、（中略）実施命令出してできるんだったらやってみろと、極端なことを言うと、そういう精神状態になっていますから、現場が全然うまくいかない状況ですから」

「できないんですよと言っている話がちゃんと通じていかなくて、（中略）何か意図的にぐずぐずしていると思われていたんじゃないかと思うんですけれども、（中略）東京電力に対する怒りが、このベントの実施命令になったかどうかは知りませんけれども、それは本店と官邸の話ですから、私は知りませんということしかないんです。でも、こっちは必死で手配していたということしかないので」

官邸に対する吉田所長のいらだちは感じ取れる。しかし、これはよく理解できる。吉田所長が言うように、**現場がベントを実施できずに苦闘していたことは、官邸には全く伝わっていなかった。東電本店が官邸に、的確な情報を上げていなかったのである。そして同時に、官邸が事故現場の情報をほとんど持てていないことも、吉田所長には伝わっていなかった。**報道では「吉田所長が菅首相を批判した」場面が大きく強調されたが、吉田所長がこうした心情に陥るのは、ある意味やむを得なかった面もある。

ただ付言すれば、政府事故調の吉田証言全体は、むしろ東電本店への批判のトーンがかなり強く、官邸の存在は、そもそもあまり目に入っていない。「官邸との関係」ばかりがクローズアップされたのは、当時の評価としてはフェアなものとは言いがたいと筆者は考えている。

「住民避難」判断のために

いずれにせよ、こうした現場の情報がスムーズに官邸に伝わる状況があれば、菅首相も原発を視察せずにすんだかもしれない。東電本店を介して情報が「伝言ゲーム」状態になっていたのが、発災の初動における不幸であった。

菅首相の視察の場面については、吉田所長は調書でこう述べている。

「(首相からは)かなり厳しい口調で、どういう状況になっているんだということを聞かれたので、要するに電源がほとんど死んでいますということで、制御が効かない状態ですと、何でそうなったんだということで、その時点ではっきり津波の高さもわかりません、津波で電源が全部水没して効かないですという話をしたら、何でそんなことで原子炉がこんなことになるんだということを班目先生に質問したりとか、そういうことをされていて、要はそういう現場の状況を説明して、あとはベントについて、ベントどうなったというから、経産大臣から命令が出た直後だったので、出ましたと、我々は一生懸命やっていますけれども、現場は大変ですという話はしました。記憶はそれぐらいしかない、時間はそんなに長くなかったと思います」

事実関係において、菅首相と吉田所長が語っていることに違いはない。

この視察について菅首相が批判された理由は、おおむね2点に集約される。ひとつは「首相の視察のためにベントが遅れた」というもの。もうひとつは「原発の作業員が視察への対応に手間をとられ、事故対応に悪影響を及ぼした」というものだ。

前者は明確な誤りだ。吉田所長は政府事故調の調書において、視察のためにベントを遅らせた判断はなかったかを問われ、「全くないです」「私だって、格納容器の圧力を下げたくてしようがないわけですよ。（中略）総理大臣が飛んでいようが、何しようが、炉の安全を考えれば、早くしたいというのが、現場としてはそうです」と答えている。この発言を受け、事故調の報告書も視察のベント実施への影響を否定している。

後者においては、評価は分かれるかもしれない。少なくとも1時間、吉田所長が菅首相への説明のために時間を割いたのは事実だからだ。しかし、俗に言う一般的な視察のように「作業員が総出で首相を出迎える」ような場面があったわけではない。当時内閣広報室審議官として視察に同行した下村健一氏が、著書『首相官邸で働いて初めてわかったこと』（朝日新書）にこの時の場面を記している。

「（原発内の事故対応の拠点になっている免震重要棟の）玄関の所で我々一行が一瞬もたついていると、中から誰かが『早く入れ！』と怒鳴った。その口調から察するに、どうやらここに総理が来ているとは、幹部以外の現場の人たちは知らされていないんだな、と僕は感じた。（中略）総理の世話のために事故対応の手を止めねばならない、という人々の動きが見えないことに、僕はホッとした。

しかし、次の瞬間。玄関ロビーを一歩入って、僕らはギョッとした。死体が沢山転がっている、と思った。よく見るとそれは、おそらく徹夜で事故対応にあたってきたのであろう現場の人たちが、毛布にくるまってロビーの床でぐったりと眠り込んでいる姿だった」

現場は「総理が来る」どころではなかったのである。

菅氏は2014年9月、『毎日新聞』のインタビュー（聞き手は筆者である）で、視察に関する吉田所長の発言について「吉田氏の負担になったことはよく理解できる」と述べ、事故対応中に余計な負担をかけた吉田所長をねぎらう姿勢をみせた。一方で「だが、情報がない中で避難を決めるのは危ない。他の手段がないなら現場に聞くしかなかった」と述べ、視察は避けられなかったとの考えを強調した。

事故対応は東電が一義的に責任を負う。しかし、首相はその事故対応の進捗をみながら、原発周辺の住民の避難について決定しなければならない。それは多くの国民の居住権を大きく侵害し、生活を変えてしまう。また、判断を誤れば、多くの国民の命を危険にさらすことにもつながる。それだけ重い政治判断をするには、たとえ吉田所長に迷惑をかけることになっても、正確な情報を得るために行動しなければならない。菅首相はこう考えたのだ。

3月12日午前10時47分、菅首相は視察を終えて官邸に戻る。執務室で出迎えた福山官房副長官に、菅首相は開口一番こう語ったという。

「吉田は大丈夫だ、信頼できる。あいつとは連絡を取り合える。これで現場とつながった」

もっとも、枝野官房長官が懸念した通り、この視察は「最高指揮官が官邸を離れた」として大きな批判を受けることになった。政府事故調の報告書も「他の代わりとなる人物を派遣して状況を確認させるなど、より問題の少ない方法によるべきではなかったのかという点で、なお疑問が残る」と、やや批判的なトーンでまとめている。

これは一理あるだろう。例えば、原発が危険な状況にある中で、上空で原発の爆発に遭いヘリが墜落するなどの可能性は否定できなかった。国の最高指揮官に万一のことがあれば、それは菅首相ひとりの話ではすまないからだ。

しかし繰り返すが、菅氏は現時点でも、この視察を間違っていたとは考えていない。ホームページにはこう書き残している。

「私は今でも、この時の視察は正しい判断だったと確信しています。現場の責任者の吉田所長に会い、現場と本店の意思疎通の悪さを感じたことは、15日に東電本店に乗り込み、政府と東電の統合対策本部を設置する判断につながりました（後述）」
このことをどう評価するかは、読者一人一人の判断に任せる以外にない。

「自衛隊10万人」の「無茶ぶり」

原発事故対応の初動もさることながら、官邸は一方で、地震と津波による被害への対応も、同時並行で進めなければならなかった。原発は万一爆発すれば、計り知れない被害をもたらすが、この時点でまだそうした被害は確認されていない。だが、地震と津波の被害はそうではない。多くの国民がすでに、一刻を争う生命の危機にさらされていた。地震発生から41分後の3月11日午後3時27分、菅首相が最初に指示したのは「自衛隊は最大限の活動をすること」だった。

菅氏は首相退任直後の同年9月7日朝刊に掲載された『毎日新聞』のインタビュー（この聞き手も筆者が務めた）で、当時をこう振り返っている。

「（1995年1月の）阪神大震災のとき、自衛隊の出動要請が遅れた。兵庫県知事から（派遣要請が）なかなか来なくて、出動できなかったことを覚えていたから、とにかく準備に入ってくれと言った。いろんな（被害）状況が想定できるので、北澤さん（俊美防衛相）に、最大限自衛隊を出動させてくれ、と話をした」

北澤防衛相は防衛省の災害対策本部会議で、自衛隊の出動人数について協議した。幹部たちから「すぐに出動可能なのは2万人」と聞いた北澤氏は、即座に「2万人出動」の命令を出し、官邸での対策会議でもそう報告した。

北澤氏の著書『日本に自衛隊が必要な理由』（角川ｏｎｅテーマ21）によると、この時、菅首相が北澤氏のもとに近づいてきて、こう耳打ちした。

「もっと出せませんかね」

北澤氏は即答する。

「いや、2万人というのはいますぐに出せる人数であるというだけで、今後の状況を見て、可能なかぎり対応しますよ」

北澤氏は翌12日の防衛省の対策本部で、自衛隊の派遣人数をさらに増やせないか検討する。そして、折木《おりき》良一《りょういち》統合幕僚長から「5万人まで増やせる」との回答を得た。ところがその後、原発の視察から戻ってきた菅首相は、さらに「10万人体制」を北澤氏に要請する。

「津波の被害も分かってきたので、さらに増強できませんか」

自衛隊総員約24万人の半数近い数字である。かなりの「無茶ぶり」であることは間違いなかった。

菅首相はなぜ、そんな「無茶ぶり」をしたのか。この指示に大きな影響を与えたのが、前述した「原発視察」である。のちに「原発視察批判」ばかりが注目されたので意外に知られていないが、菅首相はこの時、原発に加え地震と津波の被災地も上空から視察している。

言うまでもなく、地震と津波の被害は北海道から関東に至るまで広範な範囲に及んでいた。町長をはじめとする多くの職員が津波に流され、行政機能がまひした岩手県大槌町《おおつちちょう》の被災はよく知られているが、ほかにも通信が途絶し、官邸が被害状況を確認できない自治体はいくつもあった。現地対策本部が機能していない状況で、官邸が津波による被害状況を直接確認することは急務だった。

菅首相は当初、地上に降りての視察を希望していたが、午前中に官邸に戻れることを優先して断念。上空からの視察にとどめた。福山官房副長官らが、所要時間やヘリの燃料がどれだけ持つかを含めてルートを検討し、北上できるギリギリまでヘリを飛ばした。菅氏の著書『東電福島原発事故　総理大臣として考えたこと』（幻冬舎新書）にはこう書かれている。

「地震と津波の被害についてはテレビの映像では見ていたが、それは切り取られた映像だ。三六〇度の視界で自分の目で見て、被害のすさまじさを認識した。海岸沿いは海と陸の区別がつかない状況であった」

官邸に戻った菅首相は、北澤防衛相から「5万人の出動が可能になった」との報告を受けるが、被害を目の当たりにした菅首相には「5万人では足りない」ことが直感できた。そこで「無理を承知で」さらなる出動の検討を依頼する。

北澤氏はいったん引き取り、防衛省に持ち帰って中江公人《きみと》事務次官や折木統合幕僚長ら幹部の意見を聞いた。国防という自衛隊の通常任務をおろそかにしない範囲で、どこまで出せるのか。北澤氏は「10万人も震災対応に回せば、必ず国会で『本来任務に影響はないのか』と追及される。それに耐えられるように態勢を組んでくれ」と指示を出した。

そして翌13日「10万人出動は可能」の報告を得た北澤氏は、菅首相にこう伝えた。

「お気持ちに沿うと思うけれども、さらに倍加して10万人体制は敷けます」

この「自衛隊10万人体制」について、当時の野党・自民党からは批判の声が上がった。批判の理由は「自衛隊の本来任務である国防に影響が出る」「防衛空白が生まれる」ということらしい。防衛政策に詳しい石破《いしば》茂元防衛相は、翌14日のブログで「突如として自衛隊の派遣規模を5万人から10万人に引き上げるなど、自衛隊の運用を全く知らない素人の思い付きです」と記している。

しかし、「10万人体制」が実現した理由は、実は菅首相の「無茶ぶり」のせいではない。自衛隊は、関東地方に大規模な震災が生じた場合、最大10万人を動員するとしたシミュレーションができていたことを北澤氏が承知していたから、あれだけの態勢がとれたのだ。自衛隊の「平時の備え」が十分にできていたからこそ、菅首相の急な要請にも応えることができた。防衛省幹部も当時「これは防衛省として省議のような形で決断していった」と振り返っている。

そうは言っても実際、日本の防衛能力が試される場面はあった。少し後の話になるが、中国やロシアは震災を受け、日本周辺での偵察活動を活発化させた。だが、日本の自衛隊は10万人を被災者支援に出していたにもかかわらず、平時と同様にスクランブル（緊急発進）をかけることができた。

自民党の国防族は当然、そうした自衛隊の実態について、当時の民主党政権よりも熟知していたはずだ。にもかかわらず、なぜあのような批判をしたのか、今も分からない。

菅首相がそれまでの経歴で、防衛政策を専門にしていなかったのは確かだ。しかし、1995年の阪神・淡路大震災で、菅氏は自民・社会・さきがけ（自社さ）3党の連立による村山富市政権で、さきがけの政調会長を務めていた。さきがけという小政党であっても、あの大震災に連立与党の幹部として対峙した経験は、東日本大震災の対応に少なからず役立ったことは間違いないだろう。

防衛相が北澤氏だったことも奏功した。自民党出身の北澤氏について、菅氏は「昔から私の家庭教師だと勝手に言っていた」と語る。当時の民主党政権には、北澤氏を含め、自民党に所属していた経験を持つ保守系のベテラン議員も多くいた。自らの経歴に足りない保守政治家の矜持《きょうじ》を、菅氏はベテランの北澤氏から学んでいたのだろう。

「最悪のシナリオ」を想定するとは

ここまで東日本大震災と東京電力福島第一原発事故における菅直人《かん》政権の対応をみてきたが、ここで改めて、安倍政権のコロナ対応と比較して振り返ってみたい。

単純に安倍政権と菅政権を比較して「安倍政権はダメだった」と言いたいわけではない。

実のところ筆者は、安倍政権のコロナ対応は、最初の半月、つまり2020年の1月末頃までについてはさほど大きな問題があったと考えてはいない。最初にとり組んだ武漢へのチャーター機派遣は、諸外国と比較しても迅速だったと言っていいのではないか。

ただ、**国難とも言える大きな危機に臨んだ時の「構え」について、両者は比較的はっきりとした違いをみせていると思う。菅政権が危機を「大きくみた」のに対し、安倍政権は総じて危機を「小さくみた」、つまり過小評価したとみられるということだ。**

例えば菅首相は、後述する「東電本店への乗り込み」(3月15日)の前後から、原発事故が最悪の場合どこまで拡大するかのシナリオを、自ら考え始めた。前述の自著『東電福島原発事故 総理大臣として考えたこと』にはこのような言葉が残っている。

「すべての原発の制御が不可能になれば、数週間から数か月の間に全原発と使用済み核燃料プールがメルトダウンし、膨大な放射性物質が放出される。そうなれば、東京を含む広範囲の地域からの避難は避けられない。そうなった時に整然と避難するにはどうしたらよいか。一般の人々の避難とともに、皇居を含む国家機関の移転も考えなくてはならない」

原発が最悪の危機を脱しつつあった3月22日頃、菅首相は細野豪志《ごうし》首相補佐官を通して、近藤駿介・内閣府原子力委員会委員長に対し「最悪の事態が重なった場合に、どの程度の範囲が避難区域になるか」の試算を求めた。25日に届いた「最悪のシナリオ」はこうだった。前述の菅氏の著書から引用する。

「水素爆発で一号機の原子炉格納容器が壊れ、放射線量が上昇して作業員全員が撤退したとの想定で、注水による冷却ができなくなった二号機、三号機の原子炉や、一号機から四号機の使用済み核燃料プールから放射性物質が放出されると、強制移転区域は半径170キロ以上、希望者の移転を認める区域が東京都を含む半径250キロに及ぶ可能性がある」

こんな事態を頭に置いて、菅首相は原発に対峙していた。

一方の安倍政権はやはり「最悪の事態を想定して対処する」発想が、初動から不足していたと判断せざるを得ない。

危機がいきなり眼前に立ち現れた東日本大震災及び原発事故と、見えない危機が静かにしのび寄ったコロナ禍の初動を比較するのは、適当でないかもしれない。だがコロナ禍は、それ自体は初めての感染症であったとしても、麻生《あそう》太郎政権から民主党の鳩山政権にかけての新型インフルエンザ（2009年）への対応など、感染症への対応そのものが全く未体験だったわけではない。

水際対策を徹底し、ウイルスが国内に侵入することを避けさえすれば、それで危機は防げるとの判断に立ち過ぎてはいなかっただろうか。その想定が崩れ、ウイルスがすでに国内に入っているという「最悪の事態」を想定して、先回りして対処する姿勢に欠けていたのではないか。さらに、当初ダイヤモンド・プリンセス号で発生した感染者を国内の感染者と別に集計したことなどには、感染拡大を小さくみせようとする意識が、どこかに働いていなかっただろうか。

ウイルスは安倍政権を忖度しなかった。そして、水際という「防衛線」が破られた途端、安倍政権のコロナ対策は迷走を始めることになる。

第2章　国民の権利と義務をどう扱ったか

遅れた「新型インフルエンザ等対策特措法」の適用

コロナ対応を憲法改正の布石に?

新型コロナウイルスをめぐる安倍晋三政権の対応に話を戻そう。

2020年1月28日の衆院予算委員会。日本維新の会の馬場伸幸氏の質疑で、コロナ禍についてこんなやり取りがあった。

馬場「国民また国家が経験のない感染症、これに対応をいろいろしていただいているわけですけれども、いろいろな法律がそこに絡んでいると思います。こういう法律があるからできないんですとか、こういう法律がないからできないんですとか、そういうのはあると思うんですね。大臣、総理でも結構ですけれども、陣頭指揮を振るっておられる方でそういう所感をお持ちの方がいらっしゃれば、ちょっとおっしゃっていただければというふうに思います」

加藤勝信厚労相「例えば新型インフルエンザの時にも、いろいろ対策を立てました。それが今回は感染症の対策であります。どれをどういうふうに使っていくのか、それから使う際にはこれがその対象になるということを決めていかなきゃいけない、さまざまな要因がありますので（中略）我々としては法律の中で動いておりますから、当然、あくまでも法律の中で対応していくということ、これは当然のことなんだろうと思います。

もし、今後の、例えば、今回の話ではありませんけれども、いろいろな事象においてまた直すべきものがあれば、それはそれとして法律を改正していくということになるんだろうと思います」

コロナ対応についての議論が進むかと思いきや、馬場氏はこの後、質問の内容を大きく転換させる。

「なぜこういう質問をさせていただいたかと申し上げますと、自民党の憲法改正草案のイメージですか、四項目ありますが、この中には緊急事態条項という項目がございます。

（中略）

憲法改正問題の中でも、自民党さんがイメージされている緊急事態条項、国民が聞いても全くどういうことかよくわからない。（中略）どういう緊急事態が起こればどういう発動がされるのか、何のためにされるのかということは、国民も全然わかっていないと思うんですね。私もわかりません」

「新型コロナウイルスの感染の拡大というのは、非常にいいお手本になると思います。ですから、こういうことを議論しながら、この憲法改正の緊急事態条項についても国民の理解を深めていくという努力が、私は必要だというふうに思います」

話はコロナ対策から、いきなり憲法改正に飛んだ。つまりはこういうことだ。

新型コロナウイルスの感染拡大は国家における緊急事態だと考えられる。その際に法律の不備によって内閣が十分に対処できないことも想定される。憲法を改正して緊急事態条項を創設し、緊急時には内閣が国会の関与なしに、政令を出して国民を統制できるようにすべきだ。

安倍首相が答弁に立った。

「国家の緊急事態に際しては、国民の生命財産を守るため、政府全体として総合力を発揮して対処することが重要でありまして、このため、政府としては、さまざまな緊急事態に対処するための制度及び体制の整備を行ってきておりまして、また、時々の情勢に応じて、その充実に努めているところであります。

例えば、大規模災害が発生した際には、災害対策基本法などに基づき、避難指示等の災害応急対策や災害復旧などに取り組むことになりますが、阪神・淡路大震災の教訓を踏まえて、緊急災害対策本部設置の要件を緩和をしまして、東日本大震災の教訓を踏まえ、内閣総理大臣の指揮監督のもと、政府が一体となって対処するため、対処方針の作成、閣議決定を義務づけるなどの法改正を行い、緊急事態に対応した個別の法制を整備してきたところでありまして、それぞれ、阪神・淡路の大震災、あるいは東日本大震災等々の教訓を踏まえ、法制を整備をしてきているところでございます。

このような政府としての長年にわたる緊急事態への対処に向けた取り組みにより、これまで、自民党が憲法改正のたたき台として示した緊急事態条項が必要な事態は、幸いにして発生してこなかったものと認識をしております。

他方で、あえて申し上げれば、今後想定される南海トラフ地震や首都直下型地震といった巨大地震や津波等に迅速に対処するといった観点から、憲法に緊急事態をどのように位置づけられるかについて大いに議論すべきものと認識をしております。

いずれにいたしましても、緊急事態条項の議論を含め、国会の憲法審査会の場において、与野党の枠を超えた議論が、活発な議論が展開されることを期待しているところでございます」


少し話を整理しよう。

第1章でダイヤモンド・プリンセス号の集団感染まで話を進めたが、この質疑が行われた1月28日段階では、日本政府はまだその事実を知らない。この国会質疑のあった当日の夜、日本政府は中国・武漢の邦人を帰国させるためのチャーター機の運航を開始させた。まだそんなタイミングである。

第1章でも言及したが、この頃の安倍政権にとって、新型コロナウイルスは「中国から持ち込まれるやっかいな病気」以外の何物でもなかった。ウイルスが日本に入ってくるのを水際で食い止められれば、大きな国内問題にはならずにすむだろう。むしろ「危機管理に果敢にとり組む政権」として、特に政権のコアな支持層である保守層へのアピールにつながるのではないか――。おおかたこんな認識であったろう。だからこそ**この段階では、**

コロナ対応と憲法改正問題を、簡単に結びつけて語る「余裕」もあったのだ。

野党でありながら安倍政権との親和性が高い日本維新の会は、新型コロナウイルスと緊急事態条項を直接結びつける形で、憲法改正議論を進めることを求めた。「いいお手本」という言葉に、その意図がよく表れている。

これに対し安倍首相は、答弁を読む限り、コロナ問題と緊急事態条項を直接結びつけることは慎重に避けている。一方で、南海トラフ地震や首都直下型地震といった「今後想定される」事態にあえて触れ、緊急事態条項について「大いに議論すべき」と語っていることも間違いない。コロナ禍を、膠着《こうちゃく》している憲法改正議論を動かすためのひとつの呼び水にしたい、という狙いは、安倍首相の答弁からも、やはり透けてみえるのだ。

改憲せずとも「強権発動」は可能

安倍首相らのこうした発言は「緊急事態での強権発動に積極的」と受け止められ、特に政権批判層に強い警戒感を生んだ。

衆院予算委での馬場氏の質問から3日後の1月31日、立憲民主党の枝野幸男代表は記者会見で、馬場氏と安倍首相のやり取りに関連して「感染症対策として緊急事態条項を設置する必要があると思うか」と質問され、こう答えた。

「現行法でできることを適切に行ってこなかったのではないか。現行法でできることはまだまだたくさんあります。感染症の拡大防止のために必要な措置は、あえて申し上げれば、あらゆることが現行法制でできます。これを運用するかどうかという行政判断の問題。憲法とは全く関係ありません。悪ノリというか悪用というか、場合によっては本当に大変な危機になりかねない、あるいは人命に関わっている問題を憲法改正に悪用しようとする、そういう姿勢が許されないんだと思っています」

2月12日の衆院予算委員会では、同党の辻元《つじもと》清美氏がこうただしている。

「コロナウイルスに関連して緊急事態条項の話が出てきた。今いろいろ不安が広がっている中で、緊急事態がないからあたかも何か対応できないような、そんなことはさらに不安を増殖する」

「それから、オリンピックを控えております。日本という国は、憲法改正して緊急事態条項をつくらないと感染症対策もできないのかというように誤解されても困りますので、総理、ここではっきりと、自民党の方がたくさんそういうことをおっしゃっているわけですよ。すごい重鎮の方が、緊急事態の一つの例、憲法改正の大きな実験台と考えた方がいいかもしれないとか、それから、ないからできないみたいなことを。はっきりと、日本は、憲法をわざわざ改正して、緊急事態条項がなくても新型コロナウイルスをはじめ感染症の対策はしっかりできる、これは公式の場で、国際的にも、日本はちゃんとできるんだということを発信していただきたいと思います」

これらの批判のポイントは「人命に関わっている問題を憲法改正に悪用する」ということだけではない。むしろ辻元氏は、安倍政権が、憲法改正よりも現実的に手をつけやすい、すなわち現行法制でも可能な「強権発動」（あえて言う）**に、なぜか非常に消極的な姿勢であることを批判している。**

実は、憲法を改正して緊急事態条項を創設しなくても、政府がかなりの強権を発動してコロナ対応を行える仕組みは用意されていた。それが、２００９年に起きた新型インフルエンザの世界的な感染拡大を受け、３年後の２０１２年、当時の民主党政権（野田佳彦《よしひこ》政権）下で成立した新型インフルエンザ等対策特別措置法である。

同法の第４章「新型インフルエンザ等緊急事態措置」にはこうある。

第32条　政府対策本部長は、新型インフルエンザ等が国内で発生し、その全国的かつ急

> 速なまん延により国民生活及び国民経済に甚大な影響を及ぼし、又はそのおそれがあるものとして政令で定める要件に該当する事態（以下「新型インフルエンザ等緊急事態」という。）が発生したと認めるときは、新型インフルエンザ等緊急事態が発生した旨及び次に掲げる事項の公示（第5項及び第34条第1項において「新型インフルエンザ等緊急事態宣言」という。）をし、並びにその旨及び当該事項を国会に報告するものとする。

ここで言う「政府対策本部長」とは、すなわち首相である。

新型インフルエンザ等対策特措法は、法に定める「新型インフルエンザ等」の感染症のまん延のおそれが高いと厚労相が認めた時には、それを首相に報告し、首相はこれを受けて内閣に、自らを対策本部長とする「対策本部」を設置する。そして**対策本部は、この感染症が「全国的かつ急速なまん延により国民生活及び国民経済に甚大な影響を及ぼし、又はそのおそれがある」と判断した時には「緊急事態宣言」を発令し、法に定められた範囲で国民への私権制限を含む強権を発動し、対策にあたることができる。**

すなわち特措法は、のちに実際に発令されることになる緊急事態宣言の根拠法なのである。

「特措法の適用」を求めた野党

問題は、特措法を新型コロナに適用することは可能か、ということだ。実は、野党は安倍政権よりかなり早く、この特措法に着目していた。

ＷＨＯが緊急事態宣言を発出したのが1月30日。翌31日の参院予算委員会で、国民民主党（参院会派「立憲・国民．新緑風会・社民」）の矢田《やた》わか子氏が、こんな質問をしている。

「民主党の政権時代に作りましたこの新型インフルエンザ等対策特措法というものがあります。第2条第1項に定義される『新感染症』に今回の感染症の新型コロナウイルスが当たらないのかどうかということを、至急検討していただきたい」

矢田氏が注目したのは、特措法の名称でもある「新型インフルエンザ等」の「等」の部分だった。特措法の条文を読むと、この「等」にあたるのは、感染症法第6条第9項で定める「新感染症」を指していることが分かる。

矢田氏の質問に戻る。

「新感染症とは『人から人に伝染すると認められる疾病であって、既に知られている感染性の疾病とその病状又は治療の結果が明らかに異なるもので、当該疾病にかかった場合の病状の程度が重篤であり、かつ、当該疾病のまん延により国民の生命及び健康に重大な影響を与えるおそれがあると認められるものをいう』とあります。(新型コロナは)これに当たるんじゃないでしょうか」

「幅広い対応が法律的に可能となるこの根拠を得て、ぜひとも認定をお願いしたいと思います」

新型コロナウイルス感染症を、感染症法上の「新感染症」にあたると認めれば、特措法で定められたさまざまな措置を、法改正を行わずにコロナ対応に用いることが可能になる。例えば、感染が急速に拡大した時に緊急事態宣言を発令できるようになるわけだ。

矢田氏の質問に対し、加藤厚労相はこう答弁した。

「新感染症というのは、原因不明だということが一つ前提となります。そして、ただ、今回は、新型コロナウイルスというウイルス自体が限定されている」

新型コロナウイルス感染症は同法の対象には含まれないとの考えを示した。

加藤厚労相の答弁の通り、**安倍政権は当初「原因となるウイルスが特定されている」ことを理由に、新型コロナウイルス感染症は「新感染症」であるとは言えないとの考えに立っていた。**そして政府は、この質疑の翌日の2月1日、コロナ対応に別の法律を使うことにした。**新型コロナウイルス感染症を感染症法上の「指定感染症」と検疫法上の「検疫感染症」とする政令を施行したのだ。**指定感染症になると、都道府県知事は患者に入院を勧告できるようになるほか、従わない場合は強制的に入院させたり、就業制限させたりできる。

少し話を整理したい。

新型コロナウイルスの感染拡大を受け、対策にどんな法律を使うのかについて、この段階ではふたつの方法があった。ひとつが、新型コロナウイルス感染症を感染症法上の「指定感染症」として、患者を強制隔離できるようにして市中感染を食い止める方法。安倍政権が採用した方法だ。

もうひとつが、新型コロナウイルス感染症を感染症法上の「新感染症」とすることで、特措法の適用を可能にして、緊急事態宣言の発令など幅広い対応がとれるようにする方法。野党側が求めていた方法だ。

ざっくり言えば、**前者が新型コロナウイルスの市中感染が起きていない**（あるいはほぼ**食い止められる**）**との見方に立ち、患者の隔離によって感染を抑え込む狙い、後者が市中感染はすでに起きているとの見方に立ち、これ以上の感染拡大を避けつつ、幅広い分野で**

影響を最小限に抑える狙いがあったと言える。

「民主党政権の法律」は使いたくない？

コロナ対応において、安倍政権が当初、野党の求める新型インフルエンザ等対策特措法の適用ではなく、感染症法上の「指定感染症」とすることで対応しようとしたのは、おそらく前述のように、単にその時点でのコロナ禍に関する見通しが、野党側とは異なっていたからなのだと思う。ある状況にどう対応するかについて、政権側の対策と野党側の対策という「選択肢」があったということであり、そのこと自体はある意味、2大政党制が求めていることでもある。別に悪いことではない。

ただ、安倍政権が特措法を適用しなかったのには「別の理由がある」という指摘もあった。「民主党政権で成立した法律を使いたくなかったのでは」という疑念である。

特措法は民主党の野田佳彦政権だった2012年4月に成立した。特措法は、政府が緊急事態宣言を発令すれば、臨時の医療施設開設のために土地や建物を強制使用したり、医薬品などを収用したりできる規定が含まれる。強い私権制限につながりかねない内容に、当時野党だった自民党は、政権の権限が強化されることを懸念。法案審議の段階では、自民党などの主導によって「緊急事態宣言を行うに当たっては、科学的根拠を明確にし、恣意的に行うことのないようにすること（傍点筆者）」などを盛り込んだ付帯決議が採択された。当時、法律に批判的な態度で臨んだ立場として、その法律を使うのを好まなかった、という見方である。

しかし、矢田氏の質問から1カ月が過ぎた2月末頃には、市中感染の拡大は誰の目にも明らかになっていた。**安倍政権は結局、当初の方針を転換し、コロナ対策に特措法を使う検討に入った。**

だが国会で「新型コロナウイルス感染症は特措法の対象に含まれない」との見解を示してしまった以上、今さらその見解を変えることはできない。そこで安倍政権が考えたのは「新型コロナウイルス感染症を特措法の対象とする」という「法改正」を行うことだった。

当時の報道には「民主党政権でつくった法の改正なのだから、野党も反対はしにくいだろう」という政権側の「もくろみ」を解説しているものもあった。まるで安倍政権が主導する「正しい」政策で、野党の反対を封じ込めてとり込んでみせた、と言わんばかりの解説だ。しかし、事実はまるで逆である。政権側が野党側の提案を採用せざるを得なくなり、それを糊塗《こと》するために「政権主導で野党の協力を得た」と演出した、とみる方が実態に近い。

3月4日、安倍首相は野党党首との個別の党首会談に臨んだ。安倍首相が、それまで軽んじてきた野党の党首との会談に臨むのは、2012年12月の政権発足後初めてだった。

立憲民主党の枝野代表との会談で、首相は「新型インフルエンザ等対策特別措置法を改正して新型コロナウイルス感染症に適用できるようにしたいので、協力いただきたい」と要請した。枝野氏の答えには、かすかに呆《あき》れたような響きがあった。

「特措法は現行法を適用すべきだ。それでも『改正する』と言うのなら、審議を急いで行うことには協力する」

改正特措法は3月13日に成立した。野党側が特措法の適用を求めてから、すでに1カ月半近くが過ぎていた。

法的根拠のない「要請」が次々に

「大規模イベント自粛」と「全国一斉休校」

しかし安倍政権は、ここまで特措法という「武器」を使うことこそなかったものの、実は、感染拡大防止のためにかなりの「強権」を発動してきた。つまり、法律の「縛り」を受けることなく、言わば「独断」で国民の私権を制限したのである。

話をいったん、改正特措法成立の半月ほど前に戻そう。

前述したように安倍政権は、2月1日に新型コロナウイルスを感染症法上の「指定感染症」とし、患者の強制隔離を可能にするなどして感染拡大を水際で食い止める策をとった。だがその直後の4日、クルーズ船ダイヤモンド・プリンセス号での集団感染が明らかになった。船内の感染者数が日に日に増え、さらに船内に留め置かれている乗客からの不満の声が伝わると、海外メディアからは「乗客を閉鎖空間に閉じ込め、感染のリスクを高めている」という報道が相次ぎ、国内でも感染への不安や日本政府への批判の声が高まってきた。

21日には、クルーズ船を除く国内の新型コロナウイルス感染者数が100人を超え、24日には政府の新型コロナウイルス感染症対策専門家会議（ちなみにこの会議が設置されたのは、このわずか10日前の2月14日だった）が「この1〜2週間の動向が、国内で急速に感染が拡大するかどうかの瀬戸際」との見解を示した。政府の緊張感と危機感は、格段に増していた。

「瀬戸際」発言から2日後の26日、安倍首相は政府の新型コロナウイルス感染症対策本部の会合で、突然「今後2週間の大規模イベント自粛呼びかけ」を打ち出した。

「多数の方が集まるような全国的なスポーツ、文化イベント等については大規模な感染リスクがあることを勘案し、今後2週間は、中止、延期または規模縮小等の対応を要請することといたします」

この時点ですでに、23日に予定されていた天皇誕生日の一般参賀が中止されるなど、大勢の人が集まるイベントの開催を自発的に見送る動きは出ていた。しかし、首相発言前日の25日に開かれた政府の対策本部では、イベント開催について「現時点で全国一律の自粛要請を行うものではない」との方針が打ち出されていた。つまり、安倍首相は自身の「政治決断」で、対策本部の方針を超える「強い措置」を打ち出したのだ。

さらにその翌日の27日、首相は対策本部で、全国の小中高校と特別支援学校について「3月2日から春休みまで臨時休校を要請する」ことを、突然表明した。文部科学省が休校について「各自治体の判断に委ねる」と通知した直後のことだ。政府の専門家会議にも何の相談もなかった。

複数の報道によれば、首相の側近でもあった萩生田光一文部科学相や、藤原誠文部科学事務次官がこの日昼、官邸で首相に翻意を促した。「準備期間が短すぎる」「非正規の母親は仕事を休めない」。しかし首相は「混乱は覚悟の上だ」「私の責任でやる」と聞き入れなかったという。

首相が立て続けにこうした措置を打ち出した背景には、ダイヤモンド・プリンセス号の集団感染への対応などをめぐり「対応が後手後手」という政権批判が高まる中で、「危機に対して強いリーダーシップを示す」さまを演出したいという動機があったのだろう。特に一斉休校については、首相表明の2日前、北海道の鈴木直道知事が「道内の学校の一斉休校」方針を打ち出し、インターネットなどで高い評価の声が上がっていたことに「つられた」印象が強い。

のちに『西日本新聞』は6月23日、一斉休校の「政治決断」を検証した記事の中で、こんな評価を下している。

「民間と違って学校は補償も必要ないし、経済的な打撃も少ない。政権の強い姿勢をアピールできる――。全国一斉休校は、そんな政治的思惑から採用された政策だった」

「強い首相」演出のため？

「大規模イベントの自粛要請」も「全国一斉の休校要請」も、「官邸主導で強いリーダーシップを発揮している」さまを演出するのには一定の効果があった。一斉休校をめぐり文科省が異を唱えたことも、結果的にとはいえ、官邸による「霞が関の『抵抗』を退けて」という「強さ」の演出に一役買うことになった。

こうした安倍首相のポピュリズム的政治手法もさることながら、ここで問題にしたいのは、**これらの措置がいずれも「法的根拠がない」ままに行われた、**ということだ。

大規模イベントの自粛にしても一斉休校にしても、実施すれば国民の私権を大きく制限することになる。イベントの中止によって運営側は多大な損失を被り、イベントを支えるフリーランスの裏方の皆さんは収入を失う。実際、安倍首相が大規模イベント自粛を打ち出したその日、東京ドームで行われる予定だったPerfumeのライブが開場直前で中止となり、集まっていた多くのファンを嘆かせた。京セラドーム大阪でのEXILEの公演も同様に中止された。

一斉休校についても、子供たちの学習権が直接的に侵害されることに加え、萩生田文科相らが指摘した「非正規の母親は仕事を休めない」をはじめ、子供の保護者や、学校生活を支える給食関係者、学童保育の関係者などにも大きな影響を与えることになる。

「感染拡大の防止」という大義名分があったとしても、政治がこのような国民の私権を制限する際には、国民の代表たる政治家が国会で成立させた法律の規定に基づき、必要最小限のことに絞って慎重に行うべきことのはずだ。政治が思いつきで、大きな網をかけるように国民の権利を縛ることは、現行憲法下では認められないと考えるべきだろう。

そのような「政治権力の行使にあたってのたしなみ」が、この時の安倍政権にはまるで感じられなかった。安倍首相からは、「強い首相」を演出する自らの政治的パフォーマンスのために安易に政治権力を「振り回す」ことに、何の躊躇も感じられなかった。

緊急事態宣言、3週間発令せず

政治責任を伴う「要請」には及び腰

もう一度時系列を、改正新型インフルエンザ等特別措置法の成立（3月13日）まで戻そう。

改正特措法が成立した翌日の3月14日。首相は官邸で記者会見を開き、冒頭でこう述べた。

「新型コロナウイルス感染症に関する特別措置法の改正案が昨日、成立いたしました。これにより、今後、万が一、緊急事態に至ったと判断した場合、この法律に基づいて、まん延の防止と社会機能の維持のため、さまざまな措置をとることが可能となります。

この国家的な危機に際し、政治的立場の違いを超えて国民への責任を果たしていくべきである。その思いを共有していただき、速やかな国会審議と法案の成立に多大なご協力をいただいた与党、野党のすべての関係者の皆様に、厚く御礼を申し上げます」

実際には野党側からの相当な突き上げによって実現した法改正を「首相主導で実現した」かのようにフレームアップしていることは、ここでは指摘にとどめたい。しかし、安倍首相がこの会見で「緊急事態宣言でさまざまな措置をとれる」ことを国民にことさら強くアピールしていたことは間違いない。

そこまで言っておきながら、**安倍首相はこの後実際に緊急事態宣言を発令する4月7日まで、さらに3週間以上の足踏みをした。**自らが声高らかにアピールした「武器」を、言ってみれば放置していたのである。

安倍首相は会見で「さまざまな私権を制限することとなる緊急事態の判断にあたっては、専門家のご意見もうかがいながら、慎重な判断を行っていく考えであります」と述べた。一見「私権制限は慎重に判断する」と「人権に配慮する首相」を打ち出したようにもみえる。

だが、筆者はこの見方にはくみしない。前述したように、首相はコロナ禍を、憲法に緊急事態条項を盛り込む改正議論の呼び水にしたいという意欲すらみせた。また、2月末に大規模イベントの自粛要請や全国の学校一斉休校など「法に基づかない雑な私権制限」を「鶴の一声」で乱発し、国民を翻弄したことを振り返っても、首相が「私権制限は慎重に行う」と考えていたとは、とても思えない。

筆者はこう考えている。おそらく安倍首相は、ここへ来て緊急事態宣言を出すことによる「政権の責任」の発生を、ようやく自覚し始めたのではないか。大規模イベントの自粛や全国一斉休校の要請のような「法的根拠を伴わない強権発動」は「気軽に気持ちよく」出すことができても、法律でその権限を縛られ、政治の責任が問われるような「強権発動」には二の足を踏んでしまったのではないか。

ここで言う「責任」は、安倍首相が不祥事のたびに「責任を感じる」と軽く発言するような類いの「責任」ではない。賠償という、巨額の政府支出を伴う重い責任だ。その支出は、「〇〇支援」といった、国民の歓心を買うための経済政策などとは全く異なる。いくら支出しても、政権の「得点」として選挙で有利に働くことは全くない。

これまでの口先だけの要請ではなく、店舗の営業を停止させるなどの「法に基づく私権制限」を行えば、国民が国によってさまざまな「実害」を被ることになる。国は補償を含めたさまざまな対応をせざるを得なくなる。

安倍首相は、そんな重い責任を負うことから、ただ逃げていただけなのではないか。

自治体独自の「緊急事態宣言」続出

安倍政権が法的根拠を伴わない「自粛要請」を官邸主導で次々と発したことは、そのまま地方自治体の対応に伝播《でんぱ》していった。

東京都の小池百合子《ゆりこ》知事は3月25日、記者会見で「感染爆発　重大局面」というボードを掲げながら、都民に平日の夜間や週末の外出自粛を要請。30日には接客を伴う飲食店の利用も自粛するよう求めた。隣接する神奈川県の黒岩祐治《ゆうじ》知事は26日、週末の不要不急の外出、イベントの延期や中止を要請した。西日本では大阪府の吉村洋文《ひろふみ》知事が19日、隣接する兵庫県との往来自粛を要請。31日には東京都同様、接客を伴う飲食店の利用自粛を求めた。いずれも法律や自治体の条例などに定められた措置ではなかった。

国や自治体の行政トップが、議会の意見も聞くことなく、記者会見などで恣意的な「私権制限」をバラバラに打ち出す、という状況が生まれていた。事実上の「緊急事態宣言状態」が既成事実化したのだ。

こんな事態を生んでしまった背景はふたつあると考える。

ひとつは、前述したように安倍政権が、大規模イベントの自粛や全国一斉休校など、法的根拠を伴わない「雑な私権制限」を連発し、それが自治体に伝播してしまったことだ。もうひとつは、安倍政権が特措法を新型コロナウイルス対策にも使えるように法改正したにもかかわらず、この法律に基づく緊急事態宣言の発令をためらう間に、特に大都市圏で感染拡大が進み、しびれを切らした自治体側が、国の対応を待てずに独自の外出自粛要請を出さざるを得なくなった、ということだ。

一連の措置は法律や自治体の条例に基づいたものではないから、要請によって都民や府民（特に飲食店の関係者）が被る経済的な損害に、行政が補償などの責任を負うかどうかも判然としない。自粛要請に応じた結果どんな不利益を被っても、すべては応じた側の「自己責任」で片付けられ、政治家は責任を負う必要がないということになりかねない。「口先だけ」で住民の生活や経済活動に介入した行政トップの行動は、結果として社会や経済に大きな混乱をもたらし、現実に多くの人たちを社会的、経済的に追い詰めていった。

国も自治体も好き勝手に、口先だけの「緊急事態宣言」を発しては、国民の行動変容を促す。人によっては生活に死活的な打撃を与えてしまうことになるのに、国も自治体もそのことに対する責任をどう取るかが、法的に何も規定されていない。

このようなことが常態化すれば、国民の生活や経済活動に壊滅的な影響を与えるだけでなく、法治国家としての基盤が崩れてしまう。**法的根拠のない「自粛要請」**（そもそも「自粛」と「要請」がセットになったこの言葉自体が矛盾をはらんでいる）**によって国民の私権を事実上制限する状況は、法に基づく緊急事態宣言を発令する以上に、法治国家にとって危険な状況だと言ってよかった。**

発令と同時に「補償はしません」

安倍首相が緊急事態宣言の発令をためらう間にも、新型コロナウイルスの感染は急速に

2020年4月7日、緊急事態宣言発令を行った安倍首相。改正新型インフルエンザ等対策特措法成立（3月13日）から3週間も経っていた（写真提供ユニフォトプレス）

拡大していった。事態の深刻化を受けて、**首相は4月7日、ようやく改正特措法に基づく初の緊急事態宣言を発令した。**対象は東京、神奈川、埼玉、千葉、大阪、兵庫、福岡の7都府県。宣言の効力は5月6日までとされた。

7日午後7時過ぎからの記者会見で、首相はこう述べた。

「東京や大阪など、都市部を中心に感染者が急増しており、病床数は明らかに限界に近づいています。医療従事者の皆さんの肉体的、精神的な負担も大きくなっており、医療現場はまさに危機的な状況です。

現状では、まだ全国的かつ急速なまん

延には至っていないとしても、医療提供体制がひっ迫している地域が生じていることを踏まえれば、もはや時間の猶予はないとの結論に至りました。この状況は、国民生活及び国民経済に甚大な影響を及ぼすおそれがあると判断いたしました」

そして、国民に対しこう呼びかけた。

「医療への負荷を抑えるために最も重要なことは、感染者の数を拡大させないことです。そして、そのためには何よりも国民の皆様の行動変容、つまり、行動を変えることが大切です。(中略) 政府として、関東の1都3県、大阪府と兵庫県、そして福岡県の皆様には、特別措置法45条第1項に基づき、生活の維持に必要な場合を除き、みだりに外出しないよう要請すべきと考えます」

7都府県の住民に対し、初めて法律に基づいた外出自粛要請が出されたのだ。

首相は会見で「専門家の試算では、私たち全員が努力を重ね、人と人との接触機会を『最低7割、極力8割』削減することができれば、2週間後には感染者の増加をピークアウトさせ、減少に転じさせることができます」と訴えた。

大きな局面転換のはずだった。

だが、結果として緊急事態宣言の発令後も、7都府県では多くの人々が出勤などのために外出し、多くの店も営業を続けていた。「国民の行動変容」という首相の呼びかけは、必ずしも国民に十分に伝わったとは言えなかった。

理由はこういうことだ。

首相は4月7日、緊急事態宣言の発令に先立ち、衆参の議院運営委員会で答弁に立った。この質疑の後に緊急事態宣言が発令されることはすでに明らかになっており、質問も緊急事態宣言に関するものが続出した。安倍首相は、緊急事態宣言に基づく休業要請などによって生じる飲食店などの損失について、こう答弁した。

「民間事業者や個人の方々の個別の損失を直接補償することは現実的ではない」

私権制限に伴う「補償は行わない」というメッセージを、強く打ち出したのだ。

与野党を問わず多くの質問者が補償について尋ねたが、首相は毎回、見事に同じ表現の答弁を繰り返した。その日のうちに行われた記者会見の言葉もほとんど同じようなものなので、ここから引用したい。

「今回のイベント等の中止、延期等の要請あるいは夜の街での自粛要請等々によって、その皆さんにとっては、何の咎《とが》もないにもかかわらず、甚大な影響が及ぶわけであります。そういう皆さんにもご協力をしていただかなければならないということでありますが、そこで、どのような形で、そういう皆さんを支援をしていくかということだと思います。しかし、これは、ある特定の業界にお願いをしても、損失は、その業界にとどまるものではありません。そこと、さまざまな取引をしている皆さんにも大きな影響が出ていくということを鑑みれば、個別に補償していくということではなくて、困難な状況にある皆さんに現金給付を行いたいと考えています」

政府として「支援」という「通常の施策」は行う。しかし、政府の要請によって打撃を受ける人々への「責任を果たす」意味での「補償」という言葉は、決して使わない。そのことは徹底していた。

安倍首相が発令した緊急事態宣言は、3月に改正された新型インフルエンザ等対策特措法に基づくものだ。憲法改正のテーマに挙げられる「緊急事態条項」とは全く異なり、現行の日本国憲法による制約を受けている。外出自粛要請についても、首相自身が7日の記者会見で述べたように「海外でみられるような都市封鎖、ロックダウンを行うものでは全くない」ものであり、強制力を伴うものではない。

痛みを伴う協力を国民に求めなければいけない局面だが、特措法に定められた「要請」の力は、決して強いものではない。そういう「弱い」要請に従ってもらうために安倍政権がなすべきだったのは、要請に従うことで生じる国民の「痛み」を可能な限り和らげるために、政治が十分な補償措置など最大限の力を尽くすことを首相が国民に誓い、その言葉に信頼を寄せてもらうことしかない。経済的な補償によって国民が将来への不安感を払拭することができれば、政府の要請に応じて外出や店舗の営業などを自粛しやすい環境が生まれる。そのことで感染の拡大を早期に抑えることができれば、結果として自粛要請の期間を短く抑えることができ、長い目でみれば経済を守ることにもつながる。

ただ一方的に「外出を自粛してくれ」と求めるだけでは、十分な効力が得られるわけがない。**緊急事態宣言の発令に際し、安倍首相に求められていたことは、国民が受ける経済的、社会的な痛みに対し、政府がしっかりと補償することを、明確な形で示すことだった。しかし、安倍首相が実際に発したメッセージは、これとは真逆のものだったわけだ。**

財政上の事情もあったのかもしれない。しかし、補償が難しいなら難しいなりに、多少なりとも苦渋をにじませる表現や表情のひとつもあればまだよかった。しかし首相は、全く無機質な答弁を、壊れたレコードのように繰り返した。

そしてその結果、安倍政権は「国民の行動変容を促す」ことに失敗してしまう。外出自粛などを十分に実施させることができず、結局、緊急事態宣言の期間延長に追い込まれるのである。

休業要請をめぐる国vs.東京都のバトル

さて、この「補償は行わない」について、もうひとつ指摘しておきたいことがある。

政府は緊急事態宣言を発令しておきながら、例えば飲食店など、人が集まる業種に対する休業要請に対して極めて消極的だった。特に印象深かったのは、西村康稔《やすとし》経済再生担当相と東京都の小池知事との、休業要請の対象をめぐるバトルだった。

都はデパートやホームセンター、居酒屋や理美容店、質店など幅広い業種に休業要請を出す方向で検討。国の緊急事態宣言発令に合わせて公表する予定だった。ところが、緊急事態宣言が発令された翌8日、西村経済再生相は宣言対象の7都府県の知事らとのテレビ会議の席で、各知事に「休業要請の2週間先送り」を求めた。小池知事は「2週間も待てない」と反発。国と都のあつれきが表面化した。

緊急事態宣言の根拠法である改正新型インフルエンザ等対策特措法は、休業要請について「都道府県知事が要請できる」としているが、緊急事態宣言発令にあたり政府が策定した基本的対処方針では、休業要請について「国に協議の上」で行うと定めていた。政府の対策本部は、都がリストに盛り込んでいたホームセンターや理美容店などについて「必要最低限の生活を送るために不可欠なサービス」として、休業要請の対象としない方針だった。西村経済再生相は9日「接触機会の『8割削減』が達成できれば、2週間で成果が出るというのが専門家の考えだ」と記者団に語った。

国と都の調整は難航。最終的に都は、緊急事態宣言の発令から3日が過ぎた10日になって、当初の対象業種を大幅に縮小した。小池知事は記者会見で「(知事の)権限はもともと代表取締役社長かなと思っていたら、天の声がいろいろと聞こえまして。中間管理職になったような感じではあります」と述べ、国への不満を隠そうとしなかった。

多岐にわたる個別の業種について、休業要請を出す出さないのどちらが正しかったのか、筆者は専門的に判断する知見を持たない。ただ、この騒動からうかがえることは、**安倍政権は緊急事態宣言を発令した後になっても、本音では「国民に外出自粛を求めるだけですませ、経済に打撃を与える休業要請は出したくない」と考えていたことだ。**

これでは、営業自粛の十分な協力は得られない。たまりかねた一部の地方自治体は、自治体独自で休業補償を行う施策を用意した。しかし、当然ながら財源が足りない。

自治体側が財源として期待したのは、政府が緊急経済対策で自治体向けに創設した総額

1兆円の臨時交付金だった。ところが、そんな自治体側に、西村経済再生相がさらに追い打ちをかけた。4月13日の参院決算委員会で、**臨時交付金について「休業補償には使えない」との認識を示したのだ。**

この発言は大きな批判を受け、西村氏はのちに方針転換したが、**とにかく安倍政権が「補償」を嫌がっている、という姿勢だけは、強烈に伝わった。**

宣言延長は「国民のせい」か

「1カ月で解除を」目標守れず

緊急事態宣言は4月16日、対象地域が全国に拡大された。安倍政権は、最初に東京など7都府県に宣言を発令した4月7日から「2週間後には感染者の増加をピークアウトさせ、減少に転じさせる」目標を掲げ、1カ月後の5月6日に宣言を解除することを目指した。

その目標は達成できなかった。政府の専門家会議は5月1日、緊急事態宣言について「全国で1カ月の延長が必要」との方針で一致。安倍首相は4日に改めて記者会見し、緊急事態宣言の延長を発表せざるを得なくなった。

緊急事態宣言の延長とは、すなわち感染拡大防止に向けた政権のとり組みが失敗した結果だということにほかならない。安倍政権は自ら掲げた目標を守れなかった。結果を出せなかったのだ。

宣言延長を発表する4日の記者会見で、安倍首相がそのことをどう説明するのかに注目が集まった。首相はこう切り出した。

「緊急事態宣言を発出してから間もなく1カ月となります。(中略)一時は1日あたり700名近くまで増加をした全国の感染者数は、足下では200名程度、3分の1まで減少しました。これは、私たちが終息に向けた道を着実に前進していることを意味します。また、ひとりの感染者がどれぐらいの数の人にうつすかを示す実効再生産数の値も、直近の値も1を下回っています」

いきなり、政府の対応に効果があったかのような話しぶりから始まった。しかしさすがに、そのまま続けることはできない。

「その一方で、こうした努力をもうしばらくの間、続けていかなければならないことを皆さんに率直にお伝えしなければなりません」

感染者の減少は十分なレベルとは言えない。全国で1万人近い方々が入院している。人工呼吸器による治療を受ける人はこの1カ月で3倍に増えた……。そんな説明を延々と続けた後、首相はようやくこう言った。

「当初予定していた1カ月で緊急事態宣言を終えることができなかったことについては、国民の皆様におわび申し上げたいと思います」

長々とした冒頭発言の後、質疑応答で最初にこんな質問が出た。

「(緊急事態)宣言を延長し、国民が自粛継続など、さらなる負担を強いられることについて、率直に政治の責任についてどのようにお考えになりますでしょうか」

安倍首相の答えは以下の通りである。

「当初予定をしておりました緊急事態宣言について、1カ月で終息する、終えるということを目指しておりましたが、残念ながら1カ月延長するに至ったこと、内閣総理大臣として責任を痛感しております。それを実現できなかったことについて改めて、おわびを申し上げたいと思います。

その上で、この5月は、現在の流行を終息させること。そして、次なる流行に備える、その1カ月であると、その備えを万全に固めていくための1カ月であると考えています。

私自身、その目標に向かって、目的に向かって先頭に立って努力をしていく考えであります」

目標を守れなかった。おわびする。しかし、政権としての総括は行わない。これからも変わらず対応していく。国民には今後もよろしくお願いしたい――。

そう言っているようにしか聞こえなかった。

安倍政権は緊急事態宣言の発令によって、国民の私権を大きく制限し、一方的に痛みを与え、感染拡大防止への責任を果たすよう求めてきた。一方で、政権そのものが果たすべき責任については、その評価は常に極めて甘い。自らの施策が効果を上げられなかったために、国民はさらに私権を制限され、大きな痛みを背負うことになるのに、記者会見からはそのことへの痛切な感情が全く感じられなかった。

「国民への罰則」を求める声

緊急事態宣言とは安倍政権にとって、はなから「国民を統制する手段」でしかなかったふしがある。だから、例えば「医療崩壊を防ぐためにPCR検査の件数を増やす」など「政治が国民を守るためにやるべきことをやる」というアピールは、ほとんど国民に届かなかった。届いたのは外出自粛要請などといった「国民に求めること」ばかり。**安倍政権は、政治の責任には言及せず、補償のような「見返り」も用意しないまま、一方的に国民に義務と負担を求めてきた。**

いつの間にか緊急事態宣言は「国民への外出自粛要請」とほぼ同義語になっていた。テレビは連日のように繁華街や観光地にカメラを向け、人出の状況に一喜一憂した。そして「緊急事態宣言下にもかかわらず外出する人々」の存在が強調されると、政府は営業自粛要請に応じないパチンコ店の店名を公表する（公表の権限は都道府県知事にあるが、各知事は政権と緊密に連携を取ることが求められている）など、国民に責任を押しつけてきた。

それだけではない。やがて、政府の要請を守らない人に対する罰則規定がないことが、あたかも「特措法の不備」であるかのように喧伝《けんでん》されるようになった。

緊急事態宣言の延長が決まる直前の4月27日、**西村経済再生相は記者会見で、休業要請に応じないパチンコ店の例に触れ「罰則を伴うような、より強制力を伴う仕組みの導入」を検討する考えに言及。さらに安倍首相は、憲法記念日の5月3日**（緊急事態宣言の延長を発表する前日）、**憲法改正を推進する民間団体のオンライン集会にビデオメッセージを寄せ、そこでコロナ禍にかこつけて「憲法改正による緊急事態条項の制定」に言及した。**

「今回のような未曽有の危機を経験した今、緊急事態において、国民の命や安全を何としても守るため、国家や国民がどのような役割を果たし、国難を乗り越えていくべきか、そして、そのことを憲法にどのように位置づけるかについては、極めて重く、大切な課題であると、私自身、改めて認識した次第です。自民党がたたき台としてすでにお示ししている改憲4項目の中にも『緊急事態対応』は含まれておりますが、まずは国会の憲法審査会の場で、じっくりと議論を進めていくべきであると考えます」

そう、話はいきなりこの章の冒頭に戻ったのだ。

コロナ禍は安倍政権にとって「その対応の失敗を『国民のせい』にして、憲法改正による国民の私権制限につなげるための好材料」として利用されようとしたのである。

原発事故と私権制限

初の原子力緊急事態宣言

新型コロナウイルス対策における「緊急事態宣言」という言葉は、否応なく「国民の私権制限」をめぐる議論を巻き起こすことになった。しかし「国民の私権制限」という意味で言えば、東京電力福島第一原発事故で起きた私権制限も、これらに勝るとも劣らない、相当に厳しいものだった。原発から半径20キロ圏内の住民に、まさに即断即決で住む家を失わせてしまったのだから。

改めてこの時の経緯を振り返りたい。

菅《かん》直人首相をはじめとする官邸の緊急災害対策本部は、地震の発生直後は被害に遭った国民の人命救助に総力を挙げていた。まだ春も浅い東北地方。被災者の救援は一刻を争う状況だった。地震発生から約1時間後の２０１１年3月11日午後3時37分に開かれた政府の第1回緊急災害対策本部で打ち出された「災害応急対策に関する基本方針」は、以下のような内容だった。

「本日14時46分頃に発生した地震は、東北を中心に北海道から関東地方にかけての広い範囲を中心に、地震動、津波等により、激甚な被害が発生している模様である。さらに、今後の余震により、被害が拡大する可能性も考えられる。

このため政府として、以下の基本方針に基づき、地方自治体と緊密に連携し、被災者の救援・救助をはじめとする災害応急活動に総力をあげて取り組むとともに、国民生活及び経済活動が早期に回復するよう全力を尽くす。

1　災害応急活動が円滑に行えるよう、関係省庁は情報の収集を迅速に行い、被害状況の把握に全力を尽くす。

2　人命の救助を第一に、以下の措置により被災者の救援・救助活動、消火活動等の災害応急活動に全力を尽くす。

(1)全国から被災地に、自衛隊の災害派遣部隊、警察広域緊急援助隊、緊急消防援助隊、海上保安庁の部隊及び災害派遣医療チーム（DMAT）を最大限派遣する。

(2)応急対応に必要な人員、物資等の緊急輸送路を確保するため、高速道路や幹線道路等の通行路の確保に全力を挙げる。

(3)救援・救助活動等の応急対策を適切に進めるため、必要に応じて航空情報（ノータム）の発出等により、関係機関、関係団体の協力の下、被災地上空及びその周辺空域における航空安全の確保を図る。

3　被災地住民の生活の復旧等のため、電気、ガス、水道、通信等のライフラインや鉄道等の交通機関の復旧に全力を挙げる。

4　応急対応に必要な医療物資、食糧、飲料水及び生活必需品、並びに緊急輸送路・ライフライン等の復旧のための人員、物資を確保するため、全国からの官民一体となった広域応援体制を確保する。

5　被災地の住民をはじめ、国民や地方自治体、関係機関が適切に判断し行動できるよう、的確に情報を提供する。」

この時点で「原発」という言葉は一言もなかった。「原子炉は地震を受けて自動停止した」との報告を受けていたからだ。経済産業省の原子力安全・保安院は「原子炉は現状では大丈夫」という東電の見立てを、対策本部に告げていた。

ところがこのわずか5分後の午後3時42分、官邸に思いも寄らない情報がもたらされる。福島第一原発の1～5号機に関する、原子力災害対策特別措置法（原災法）第10条による「特定事象」の通報である。福島原発を高さ約14メートルの津波が襲い、非常用のディーゼル発電機が津波で使用不能となった。すべての交流電源が失われてしまったのだ。

菅首相は午後4時54分、震災発生後初の記者会見に臨んだ。この時点で原発については「一部の原子力発電所が自動停止いたしましたが、これまでのところ外部への放射性物質等の影響は確認をされておりません」と述べるにとどめていた。

ところがこの会見直後、状況が激変する。記者会見を終えた午後5時過ぎから、細野豪志、寺田学両首相補佐官と協議していた菅首相のもとに、海江田万里経済産業相が血相を変えて飛び込んできた。5時42分のことだった。

海江田氏はこう説明した。午後4時36分、津波によって、原子炉の炉心溶融（メルトダウン）を防ぐための冷却システムがダウンした。炉心を冷却できなければ、格納容器の圧力が上昇し、メルトダウンは避けられない。高濃度の放射性物質が大量に外部にまき散らされる可能性がある——。

9分後の午後4時45分、原発の1、2号機について、原災法第15条に基づく「特定事象」の発生が報告された。重大な緊急事態の発生を意味していた。

「炉心が冷却できない状況にあります」と報告する海江田経産相の手には、原災法第15条に基づく「原子力緊急事態宣言」を発令するための上申書があった。

この時のことを菅氏は、前述の自著『東電福島原発事故　総理大臣として考えたこと』にこう書き残している。

「私は顔がひきつるような衝撃を受けた。原発は停止後も冷却を続けなければメルトダウンを引き起こすことを知っていたからだ」

菅首相は東京工業大学で応用物理を学んだ。日本の政界では珍しい、理系出身の首相だった。地震と津波の対応に追われる一方で、首相は発生直後、秘書官に福島原発についての基本的な情報を調べさせていた。

「福島第一原発には、6基の原発と7つの使用済み核燃料プールがあり、さらに12キロほど離れた第二原発にも4基の原発と4つの燃料プールがあった。発電容量は第一原発の6基で469・6万キロワット、第二原発の4基で440万キロワット、合計して909・6万キロワットとなる。チェルノブイリ原発の1号から4号までを合わせた発電容量は380万キロワットなので、その約2・4倍だが、チェルノブイリで事故を起こしたのは4号炉だけなので、福島第一と第二原発の核燃料や核廃棄物の量はチェルノブイリ4号炉の何十倍という量になる。

私は、福島県に東京電力の原発がこれほど集中して設置されていたことに改めて驚き、もしこれらの原発が制御不能になったらどうなるかを考え、背筋が寒くなった」（同著）

15条事態の報告を受けた時、菅首相の頭の中にはおおむねこの程度の基礎知識は入っていた。15条事態の持つ意味も、それがどれほど危険な状態なのかも、瞬時に理解することができた。

3月11日午後7時3分、政府は原災法第15条に基づき原子力緊急事態宣言を発令した。これまで誰も経験したことのない事態だった。

一言付け加えておくと、この原子力緊急事態宣言は、震災発生から10年を迎えた今も、まだ解除されていない。コロナ禍だけではなく、日本は原発事故においても「緊急事態」のただ中にいることを、私たちは忘れてはならないと思う。

「六法全書と首っ引き」の意味

「初の原子力緊急事態宣言発令」という事態に、首相官邸もざわついた。秘書官や官邸スタッフたちが総出で、六法全書と首っ引きになっていた。この「六法全書と首っ引き」という場面が報じられると、インターネット上などでは菅政権があたかも「法律の素人」であるかのような揶揄《やゆ》の声があふれた。今でも「原発事故勃発直後の最も重大な初動時機に『関係法令勉強会』を開いた」などといった表現を探すことができる。

しかし「首っ引き」の意味は、必ずしもそういうことではない。原子力緊急事態宣言を出したら首相にどこまでの権限が与えられるのかを、原災法の条文に照らして慎重に確認させていたのだ。

国家運営の非常事態について規定のある法律は、実は原災法だけではない。災害対策基本法や警察法、国民保護法がある。こうした法律を使っての「非常事態宣言」的なものを発令する可能性についても、福山哲郎官房副長官が、事務方（総務省出身）の瀧野欣彌《たきのきんや》官房副長官に検討を指示していた（結果的に使わなかったが）。

政府・与党内の一部から「戒厳令とは言えないが、そのようなものも必要かもしれない」という声も、出ていなかったわけではなかった。しかし、菅首相はこうした方法に訴えようとはしなかった。**震災と原発事故にあたり、政府が打ち出す強権の法的根拠を必ず確認すること、つまり「現行法を逸脱する措置はとらない」ことを、事故の発生当初から強く意識していたのだ。**

さて、このように菅政権がさまざまな法律の条文を精査した結果、彼らは、原災法が対策本部長たる首相ひとりに驚くほど強力な権限を与えていたことに驚くことになる。

原災法によれば、前述した「15条事態」の報告があれば、首相は閣議決定を経ずに、ほぼ「自動的に」原子力緊急事態宣言を出すことになる。宣言を出すと内閣府に原子力災害対策本部が設置され、首相が対策本部長になる。そして首相は、避難のための立ち退きや屋内退避の勧告や指示など「緊急事態応急対策」に関する事項について、「その必要な限度において、関係指定行政機関の長及び関係指定地方行政機関の長並びに前条の規定により権限を委任された当該指定行政機関の職員及び当該指定地方行政機関の職員、地方公共団体の長その他の執行機関、指定公共機関及び指定地方公共機関並びに原子力事業者に対し、必要な指示をすることができる」（第20条第2項）ようになる。

さらに、原災法では第26条で「緊急事態応急対策」の内容について、次のように定めている。

一　原子力緊急事態宣言その他原子力災害に関する情報の伝達及び避難の勧告又は指示に関する事項
二　放射線量の測定その他原子力災害に関する情報の収集に関する事項
三　被災者の救難、救助その他保護に関する事項
四　施設及び設備の整備及び点検並びに応急の復旧に関する事項
五　犯罪の予防、交通の規制その他当該原子力災害を受けた地域における社会秩序の維持に関する事項
六　緊急輸送の確保に関する事項

七　食糧、医薬品その他の物資の確保、居住者等の被ばく放射線量の測定、放射性物質による汚染の除去その他の応急措置の実施に関する事項

八　前各号に掲げるもののほか、原子力災害（原子力災害が生ずる蓋然性を含む。）の拡大の防止を図るための措置に関する事項

解釈のしようによっては、かなり強大な権限である。

菅政権の閣僚のひとりは当時、「災害対策基本法でもかなりいろいろな対応が可能だが、多くの場合閣議決定が必要。ところが原災法は閣議決定を必要とせず、首相がひとりで対応を決めることも可能だ。首相の権限がめちゃくちゃに強い。東電のような民間企業を国の管理下に置くようなこともできる」と語った。

「避難指示」という名の強権発動

この原子力緊急事態宣言に基づき、政府は3月11日午後9時23分、原発から半径3キロ圏内の住民に避難指示を出した。第1章で書いたベントの指示が可能だったのは、その段階ですでにこの避難指示を出していたからだ。3～10キロ圏内の住民には屋内退避指示が

出された。

しかし、その後も事態が深刻さを増し、**政府は菅首相が原発の現地視察に向かう直前の翌12日午前5時44分、避難区域を半径10キロ圏内に拡大した。**指示したベントがなかなか行われない中「格納容器が破裂するおそれがある」という班目春樹・原子力安全委員会委員長の助言を受けて、菅首相や枝野官房長官らの協議で拡大を決めたのだ。協議では「住民がパニックになる」との慎重論もあったが、「やり過ぎでもいいから避難させよう」と枝野氏らが押し切った。

さらに、第一原発の南方約10キロにある福島第二原発も圧力抑制機能を喪失するなど緊急事態に陥ったことから、菅首相は3月12日午前7時45分には第二原発についても原子力緊急事態宣言を発令し、半径3キロ圏内の避難と3～10キロ圏内の屋内退避を指示した。

官房副長官として協議に参加していた福山氏は、前述の著書『原発危機　官邸からの証言』でこう振り返っている。

「この頃だったと思う。菅総理と枝野官房長官と私とで確認し合ったことがあった。それは『避難の指示は1分でも1秒でも早く、遅かったと言われることのないように。絶対躊躇しない。避難は少しでも広い範囲で。後になって避難が広過ぎた、避難させ過ぎだと批判されるほうが、避難が小さ過ぎて被曝《ひばく》するよりまし』だった」

「10キロ圏内の避難」の決定は明け方。住民に少しでも早く、確実に伝わるよう、菅首相は自らの原発視察出発前、報道陣の「ぶら下がり会見」で避難指示に言及した。それでも、被災地は地震で壊滅的な被害を受け、多くの地域で電気も通信も途絶えていた。どうやって避難指示を伝えるか。前述の福山氏の著書によれば、伊藤哲朗内閣危機管理監は「警察車両や防災車でスピーカーを通じて呼びかけながら走り回るしかない」と提案したという。

事態はさらに悪化した。3月12日午後3時36分、1号機の原子炉建屋が水素爆発を起こす。最初にこれを報道したのは地元の民放テレビ局だったが、その局を系列に持つキー局の日本テレビが全国放送したのは、1時間以上経《た》ってからの午後4時50分。そして、菅首相ら官邸の政治家たちは、この放送をみて爆発を知ることになった。信じがたいことだが、爆発から1時間以上を経ても、菅首相らのもとには東電からも経産省からも、何の報告も届いていなかった。

この事態を受け、避難指示の範囲はさらに拡大された。午後6時25分、政府は第一原発から半径20キロ圏内の住民に避難指示を出した。第二原発に関する避難指示も、半径10キロ圏内に広げた。爆発がどういう種類のものかという情報が東電からも経産省からも全く入っていない状況では「想定できる最悪のケースに備える」(枝野官房長官)ほかなかったのだ。

戦後日本が経験したことのない、政治による強権発動。結果として、多くの国民の生命と暮らしを大きく破壊することになってしまった。

ただ、当時を振り返ると、これほどまでの強権発動による私権制限に対し、国民が「権力の乱用」と批判していたという記憶はほとんどない。むしろ、多く聞かれていたのは「避難指示の範囲が小さ過ぎる」「段階的な範囲拡大が後手後手」などという、逆の方向からの大きな批判だった。

米国政府が事故発生から5日後の3月16日、日本在住の米国民に対して「原発から半径80キロ圏内からの退避」を勧告したことが、こうした批判に拍車をかけた。インターネット上などでは「日本政府も80キロ圏内の避難指示を」という声が多数みられた。

この時の判断について、菅氏は前述の自著でこう述べている。

「最初から(避難指示の範囲を原発から半径)10キロとし、その区域の全員が一斉に移動すると、原発に近い人ほど、逃げ遅れる可能性が高い。この場合、最も危険な半径3キロの人を先に避難させ、そこを空にした後、10キロに広げ、それも終わった後に20キロにするという方法を取るしかない」

原発から3キロ圏内に住んでいた住民は5862人。10キロ圏内ではその数は5万人を超え、20キロ圏内となると17万人を超えた。

「撤退はあり得ない」の意味

事態はさらに悪化の一途をたどった。3月14日午前11時1分。当時の野党・公明党の山口那津男《なつお》代表との会談に臨んでいた菅首相のもとに、再び「爆発」の報が入る。12日の水素爆発は1号機だったが、今度は3号機で、1号機同様、原子炉建屋の水素爆発だ。この爆発によって、隣接する2号機と4号機の状況が悪化した。3号機の爆発でがれきが飛び散り、2号機や4号機の作業を困難にしてしまったのだ。2号機は冷却できない状況に陥り、同日午後10時50分には原災法の15条事態に。4号機は使用済み核燃料プールの温度が上昇した。まさに負の連鎖だった。

事故対応にあたる現場の士気はまだ高かった。菅首相が原発視察の際に対峙した吉田昌郎所長はこの夜、細野補佐官に電話で「まだ頑張れる」と伝えている。

しかし、現場より先に弱気になったのは東電本店であった。この日の夜から15日未明にかけて、清水正孝社長が枝野官房長官と海江田経産相に、電話で数度にわたり「原発からの撤退」を申し入れたのである。

ふたりは何度も申し入れを拒否し続けた。しかし、度重なる申し入れを受け「首相の判断をあおごう」となる。15日午前3時、菅首相も交えた「御前会議」が始まった。事故発生から最も重い空気が流れた場面だったと、当事者の多くが振り返っている。

『毎日新聞』インタビュー（聞き手は筆者）での菅氏の発言を記す。

「海江田さんが『東電が第一原発から撤退したいという意向を持っている』というから、『えっ、本当なの？』と。撤退ってどうするんだ。第一原発だけで6つの原子炉があって、放っておいたら全部がメルトダウンを起こして世界中に放射能が放出される。命に懸けても止めるしかないのに、放棄して逃げるなんて。一時的に（放射）線量が高いから退避するのは別だが、撤退するなんて考えられん」

菅首相は「撤退はあり得ない。まだやれることはありますね」とその場にいた一同に確認すると、清水社長を官邸に呼ぶよう指示した。清水社長の到着は午前4時17分だった。

「『撤退したい意向があると聞いたけど、どうなんですか』と言ったら、はっきり言わない。撤退したいとも、まったく考えていないとも言わない。一時的に退避するようなしないような」。首相が「撤退なんてあり得ませんよ」と告げると、清水社長はいともあっさりと「はい、分かりました」と答えた。そこにいた関係者はそろって拍子抜けした。

菅首相が清水社長を呼んだ理由はこれだけではなかった。**首相はこの場で清水社長に、政府と東電が一体となった「対策統合本部」の設置を提案。1時間後の5時35分、自ら東京・内幸町《うちさいわいちょう》の東電本店に乗り込んだ。**

本店で出迎えた勝俣恒久《かつまたつねひさ》会長ら約２００人を前に、菅首相はこう訴えた。

「今回のことの重大性は、皆さんが一番分かっていると思う。政府と東電がリアルタイムで対策を打つ必要がある。私が本部長、海江田大臣と清水社長が副本部長ということになった。

これは、2号機だけの話ではない。2号機を放棄すれば、1号機、3号機、4号機から6号機。さらに福島第二のサイト、これらはどうなってしまうのか。

これらを放棄した場合、何カ月後かには、すべての原発、核廃棄物が崩壊して放射能を発することになる。チェルノブイリの2~3倍のものが10基、20基と合わさる。日本の国が成立しなくなる。何としても、命がけで、この状況を抑え込まない限りは、撤退して黙って見過ごすことはできない。

そんなことをすれば、外国が『自分たちがやる』と言い出しかねない。皆さんは当事者です。命をかけてください。逃げても逃げ切れない。情報伝達が遅いし、不正確だ。しかも間違っている。

皆さん、萎縮しないでくれ。必要な情報を上げてくれ。目の前のことととともに、5時間先、10時間先、1日先、1週間先を読み、行動することが大事だ。金がいくらかかっても構わない。東電がやるしかない。日本がつぶれるかもしれないときに撤退はあり得ない。

会長、社長も覚悟を決めてくれ。（被曝の影響が少ない）60歳以上が現地に行けばいい。自分はその覚悟でやる。撤退はあり得ない。撤退したら、東電は必ずつぶれる」

こうして政府・東電の対策統合本部が発足し、細野補佐官が東電本店に常駐した。この時以降、官邸と東電の間の情報共有は格段に進んだという。

だが、原発の危機はさらに過酷を極めた。対策統合本部設置の直後、2号機で圧力抑制室が損壊。さらに4号機使用済み核燃料プール付近で火災が発生した。

菅首相はこの日午前、第一原発から半径20～30キロ圏内の住民に対し、屋内退避指示を出したが、この指示については官邸内で大激論になった。「屋内退避ではなく、30キロ圏内まで避難指示区域にすべきだ」という声が出たのだ。一方、前述したように、それだけの広範囲に避難指示を出せば、原発から遠い人たちが避難を始めて渋滞が生じることで、より危険な原発に近い人たちが逃げ遅れる可能性があった。長期間屋外にいることで被曝するおそれもあった。また、避難場所を確保できないという課題もあった。

結局、菅政権は屋内退避を決断した。「屋内退避は数日ですむ」との認識だった。ところが原発の状況はその後も安定せず、これらの地域には被曝へのおそれから民間の物資が届かない事態が生じた。やがて避難を希望する住民が続出。枝野官房長官は3月25日の記者会見で「社会生活の維持継続が困難となりつつある」として、この区域内の住民に自主的な避難を要請することになった。

福山哲郎官房副長官は前述の自著『原発危機 官邸からの証言』で「屋内で待機を強いられた住民の皆さんは大変なストレスを受けたと思う。心からお詫《わ》びしたい」と陳謝している。

「SPEEDI」活用できず

避難指示をめぐっては、菅直人政権はもうひとつ、世論の大きな批判を受けた。事故当時の風向きその他を考慮したきめ細かい避難指示が十分に実施できなかった——というものだった。

実は文部科学省には、原発から放射性物質が放出された際、周辺の放射性物質の濃度を予測して地図に表示するSPEEDI（スピーディ＝緊急時迅速放射能影響予測ネットワークシステム）というシステムがあった。しかし、菅首相をはじめ官邸の政治家の誰も「SPEEDIというものがある」ことすら知らされていなかった。SPEEDIのデータが公表されたのは、原発事故発生から12日が経過した3月23日。「政府は情報を隠蔽していたのでは」と、菅政権は厳しい批判にさらされることになった。

事故当時は原発側から北西方向に風が吹いており、原発の北西に位置した福島県飯舘《いいたて》村では高い放射線量を記録していたことが、後で分かった。しかし、こうした情報を持たなかった菅政権は、住民に同心円状の避難を求め、結果として一部の住民を、わざわざ線量の高い地域に避難させることになってしまった。

原発事故のあった2011年の12月にまとめられた政府事故調の中間報告書は、「実際には、（中略）SPEEDIを完全な状態で活用することはできなかったので、（中略）避難範囲についての結論は同じであったと思われる」とした上で「避難対策の検討を行う際、

ＳＰＥＥＤＩの活用という視点が欠落していたことは問題点として指摘しておかなければならない」と批判的にまとめている。

原災法を「使い倒す」

前述した避難指示といい、東電との対策統合本部設置といい、菅直人政権は原発事故において相当な強権発動を行ったと言える。避難指示は多くの国民から、住み慣れた家で暮らす権利を、結果として奪うことになった。対策統合本部の設置は、いくら公共性が高い仕事をしているとはいえ、民間企業である東電の企業活動のど真ん中に、政府が入り込む形になった。さらに、その企業の社員に向けて、首相が「命をかけてください」とまで求めたのである。

しかし、こうした強権発動も、原災法を使えば不可能ではなかった。前述したように、原災法第20条は、対策本部長である首相が原子力事業者（東電）に対し指示を行うことができる、という規定がある。

菅首相はこうした規定を理解した上で、現行憲法下で許される強権を最大限に「使い倒した」のだ。こうした首相の行動について、当時は「官邸の介入」という批判が多く出されたが、これらの大半は「原災法に基づく対策本部長（首相）の指示」であり「介入」と批判するのはやや筋違いだと筆者は考える（指示内容に対する批判は、当然あってよい）。

この「緊急事態の権限行使のあり方」について、菅氏は退任後、前述の自著でこう述べている。

「たしかに、法律上、総理大臣は東京電力に『必要があると認めるとき』は、『指示』することができるが、その『必要がある』かどうかについては、慎重な判断が必要である。本来、権限の行使はできる限り抑制的であるべきだからである。（中略）しかし、異例ではあるが、国の危機とも言うべき緊急事態が発生した時には、総理大臣はあらゆる権限を行使し、危機回避に全力を挙げるべき責任を負っていると私は考える」

当時、菅首相を間近にみていた閣僚のひとりが筆者の取材にこう話していたのが、今も印象に残っている。

「菅さんは特に普段と違うふうはない。そして普段通りの『市民的感覚』も保っている。菅さんは『現行法でできるギリギリの解釈で、どれだけ強い権限を使えるか』ということにこだわっているんだ」

「強権」を国民のために使うとは

新型コロナウイルスの感染拡大における安倍政権の対応と、福島原発事故における菅《かん》直人政権の対応との比較で、筆者が一番強調したいのが、この章で指摘した「緊急事態において政治の『強権』をどのように使ったか」ということだ。

緊急時にこそ、政治権力は為政者に無制限に与えられているのではなく、法や条例によって制限がかけられていることに自覚的であるべきだ。しかし**安倍首相は、法的根拠を伴わないさまざまな要請で国民の行動に制限をかけておきながら、そのことによって発生する政治の責任、つまり経済的損失に対する補償については、全く顧みようとしなかった。**

筆者は、安倍政権が打ち出した「大規模イベントの自粛要請」も「学校の一斉休校要請」も、そのこと自体を頭から否定してはいない（これらが感染拡大の防止にどれだけ効果的であったかの評価は、ここでは言及しない）。だが、**もし安倍政権が「それだけの強権を発動しなければ国民を守り切れない」と心の底から考えていたのなら、もっと早い段階で新型インフルエンザ等対策特措法を新型コロナウイルス感染症にも使えるように改正して**（野党は「法改正すら不要」と訴えていたが）、**同法に基づく緊急事態宣言を発した上で、法律に**

基づいて各種の要請を行うべきだったのではないか。もちろん補償を伴う形で。

各自治体が独自に打ち出している「緊急事態宣言的なるもの」とは異なり、政府の緊急事態宣言は、特措法という法的根拠に基づく。法律に基づいて国民の外出や店舗の営業などを制限する要請が行われる以上、それによって受ける経済的な影響に対して政府の補償を受けることは、国民の権利である。法律に規定があるかどうかの問題ではない。

権力の行使は本来、抑制的であるべきだ。だが緊急時において国民の生命と暮らしを守るためにどうしても必要だと考えるなら、法律の求める範囲内でためらわずにその強権を発動し、その分補償を行うことでしっかりと責任を取る、というのが、政治に求められる姿だと思う。後述するが、菅政権は原発事故における避難指示で多大な苦痛を与えた国民に対し、国も責任を負う形で賠償スキームをつくっている。

新型コロナに関して言えば、国民はおそらく、国や自治体が感染拡大防止のために出した外出自粛など「痛み」を伴う要請に、一定程度応える意思はあったはずだ。だが「政治が賠償などの責任を負いたくない」ために、法的根拠のない「要請」を乱発して国民に「痛み」を一方的に押しつければ、会社が倒産しても解雇されても何の補償もないために「協力したくてもできない」人が続出し、結果的に感染拡大防止という目的を果たせなくなってしまう。

安倍首相の退任後、菅《すが》義偉政権で感染の「第3波」が急拡大し、その後2021年春の「第4波」、さらにその夏、第3波を大きく上回る「第5波」の到来を招いてしまったのは、政治がこうした「雑な私権制限」を積み重ねた結果、国民を疲弊させ、政府の要請に応じるモチベーションを失わせてしまったからなのではないか。

第3章　国民に何を語ったか

「答えない」「開き直る」記者会見の波紋

「政治決断」誇示の場に？

安倍晋三政権の新型コロナウイルス対策について、「緊急事態宣言の延長」を発表した2020年5月4日の記者会見までをみてきた。ざっと総括すると、第1章では同年1月に国内で最初の感染者が確認されて以降、水際対策にこだわり、市中感染の可能性など危機を過小評価して初動の対応が遅れたこと、第2章では全国一斉の休校要請など法的根拠を伴わない「強権」を振るった一方で、法律に基づく私権制限によって国民を守る緊急事態宣言の発動に対しては、補償など政府の責任が生じかねないことを懸念して及び腰となり、結果として宣言延長に追い込まれてしまったことを指摘してきた。

第3章では、安倍首相をはじめとする政府の言葉が、なぜ十分に国民に届かなくなったのかを考える。

話をいったん2020年2月末まで戻したい。

コロナ禍において安倍首相が初めて記者会見で国民に語ったのは2月29日。クルーズ船ダイヤモンド・プリンセス号での集団感染への対応の不備や、国内での感染の広がりに対する世論の批判が高まるなか、首相はこの3日前の26日に大規模イベントの自粛、翌27日に全国の小中高校の一斉休校を要請した——というタイミングだった。

午後6時から首相官邸で始まった記者会見。首相の第一声はこうだった。

「新型コロナウイルスが世界全体に広がりつつあります。中国での感染の広がりに続き、韓国やイタリアなどでも感染者が急増しています。我が国では、そこまでの拡大傾向にはないものの、連日、感染者が確認される状況です。

そして、現状においては、感染の拡大のスピードを抑制することは可能である。これが、今週発表された専門家の皆さんの見解であります。そのためには、これから1、2週間が、急速な拡大に進むか、終息できるかの瀬戸際となる。こうした専門家の皆さんの意見を踏まえれば、今からの2週間程度、国内の感染拡大を防止するため、あらゆる手を尽くすべきである。そのように判断いたしました」

こうした記者会見の冒頭に必ず言及されるはずの、感染者や亡くなった方へのお見舞いやお悔やみの言葉は全くない。この冒頭発言には違和感を禁じ得なかった。

どうやら首相はこの記者会見を、コロナ禍で苦しい状況に追い込まれている国民をねぎらい、いたわる場だとは考えていない。文部科学省などの反対を押し切って決めた休校要請などの「自らの政治決断」を、誇らしげに国民にアピールする場だと考えているのかもしれない。会見はさらに続く。

「集団による感染をいかに防ぐかが極めて重要です。大規模感染のリスクを回避するため、多数の方が集まるような全国的なスポーツ、文化イベントについては、中止、延期または規模縮小などの対応を要請いたします。

スポーツジムやビュッフェスタイルの会食で、感染の拡大がみられる事例がありました。換気が悪く、密集した場所や不特定多数の人が接触するおそれが高い場所、形態での活動も当面控えていただくとともに、事業者の方々には、感染防止のための十分な措置を求めたいと思います。

そして、全国すべての小学校、中学校、高等学校、特別支援学校について、来週月曜日（3月2日）から春休みに入るまで、臨時休業を行うよう要請いたしました。子供たちにとって、3月は学年の最後。卒業前、進学前の大切な時期です。学年を共に過ごした友達との思い出をつくるこの時期に、学校を休みとする措置を講じるのは断腸の思いです。卒業式については、感染防止のための措置を講じ、必要最小限の人数に限って開催するなど、万全の対応の下、実施していただきたいと考えています。

学校が休みとなることで、親御さんにはご負担をおかけいたします。とりわけ、小さなお子さんをお持ちのご家庭の皆さんには、本当に大変なご負担をおかけすることとなります。それでもなお、何よりも子供たちの健康、安全を第一に、多くの子供たちや教職員が日常的に長時間集まる、そして、同じ空間を共にすることによる感染リスクに備えなければならない。どうかご理解をいただきますようにお願いいたします。

万が一にも、学校において子供たちへの集団感染のような事態を起こしてはならない。そうした思いの下に、今回の急な対応に全力を尽くしてくださっている自治体や教育現場の皆さんにも感謝申し上げます」

ここまで来てようやく「感謝」の言葉が出てきた。大規模イベントの自粛、一斉休校という自らの政治決断に関して、関係する国民への要請を縷々《るる》並べた後に、唐突に登場した感謝の言葉の対象は、突然の一斉休校に振り回されている自治体や学校現場の人々だった。保健所や医療現場の人々に対してではなかった。

習近平訪日とオリンピックはまだあきらめない

会見はさらに続く。

「企業の皆さんには、お子さんのおられる従業員の方々への配慮をお願いいたします。特に、日頃から人手不足に直面している中小・小規模事業者の皆さん、医療関係者、介護や保育の関係者の皆さんなどに大変な負担をおかけいたします。

その軽減に向けて、小さいお子さんをお預かりできるよう、できる限りの対策を講じます。学童保育において、春休みと同様の対応をとることなど、各自治体におけるさまざまな取り組みを、国として全力で支援する考えです。保護者の皆さんの休職に伴う所得の減少にも、新しい助成金制度を創設することで、正規・非正規を問わず、しっかりと手当してまいります」

そしてこう語る。

「**私が決断した以上、私の責任において、さまざまな課題に万全の対応をとる決意であります**」

気負いを感じる言葉だった。

会見はこのあたりから、安倍政権が3月10日に打ち出すことになる「緊急対応策第2弾」の説明に移る。

「2700億円を超える今年度予備費を活用し、第2弾となる緊急対応策を、今後10日程度のうちに速やかに取りまとめます。

新型コロナウイルスの感染が世界的な広がりをみせる中で、海外からの観光客の減少に加え、工場の製造ラインを維持できるのかといった不安も拡大しています。業種に限ることなく雇用調整助成金を活用し、特例的に1月まで遡って支援を実施します。

中小・小規模事業者の皆さんが直面する課題について、その声を直接うかがう仕組みをつくり、強力な資金繰り支援をはじめ、地域経済に与える影響にしっかりと対策を講じます。

そして、この機に、感染拡大防止の観点からも、テレワークなど、ＩＴ技術を活用しながら、社会のあらゆる分野で遠隔対応を進め、未来を先取りする変革を一気に進めます。

各地の主要な株式市場において、軒並み株価が大きく下落するなど、世界経済の動向も十分に注視しながら、そのインパクトに見合うだけの必要かつ十分な経済財政政策を行ってまいります。

これまでに国内で新型コロナウイルス感染症を発症し、お亡くなりになった方は5名です。ダイヤモンド・プリンセス号の乗客の方からも6名がお亡くなりになられました。心よりご冥福をお祈りするとともに、ご遺族の皆様にお悔やみを申し上げます」

会見開始から約9分。ようやく「ご冥福を祈る」「お悔やみを申し上げる」という言葉が登場した。あえて長々と会見の冒頭発言を引用したのは、この言葉が出てくるまでに、これだけの時間がかかったことを示したかったからだ。

会見はこの後、「**すべての患者がPCR検査を受けることができる十分な検査能力の確保**」「**感染症病床5000床の確保**」「**治療薬の早期開発**」「**雇用調整助成金の特例新設による非正規労働者らへの休業支援**」などが説明され、最後にようやく「ウイルスとの闘いの最前線で頑張ってくださっている医療関係者の皆さんをはじめ、すべての関係者の皆さんのご努力に心より敬意を表する」という言葉が登場した。「私からは以上であります」と首相が冒頭発言を終えた時には、事前に「20分間」とアナウンスされていた記者会見の時間のほぼすべてが費やされていた。

長い時間をかけた割には、具体策のアナウンスは少なかった。今回の会見の重要テーマである一斉休校要請についても、休校によって感染拡大をどう抑えるかを問われ「私の責任において、万全の対応を行ってまいります」とは言うが、どう万全なのかが全くみえない。その一方、質疑応答からは、春に予定されていた中国の習近平国家主席の訪日、2020年東京オリンピック・パラリンピックを予定通り開催する考えは、はっきりと伝わった。どちらも、この会見から1カ月もしないうちに延期が決定されるのだが……。

質疑応答では、NHKの記者からこんな質問が出た。

「チャーター機、クルーズ船対応と、これまで対応が続いてきました。しかしですね、国内では感染拡大の状況がみられます。これまでとは違うフェーズの状況だと言えると思いますが、対応は依然続くとは思いますが、ここに至るまでの政府の対応として、反省すべき点についてどのようにお考えでしょうか。また『政治は結果だ』とよく言われます。この結果責任についてのお考えもお聞かせください」

首相はこう答えた。後半部分を紹介する。

「未知のウイルスとの闘いはとても厳しいものであります。その中で、現場の皆さんはベストを尽くしていただいているものと思います。同時に、それが常に正しい判断だったかということについて、教訓を学びながら自ら省みることも大切です。私自身も含めてですね。その上で、そうした教訓を学びながら、未来に向かっていかしていきたいと考えています。

その上で、私はこれまでも、政治は結果責任であると、こう申し上げてきました。**私自身、その責任から逃れるつもりは毛頭ありません。**内閣総理大臣として、国民の命と暮らしを守る。その大きな責任を先頭に立って果たしていく。その決意に変わりはありません」

「責任から逃れるつもりは毛頭ない」。この言葉がやけに印象に残った。

「まだ質問があります」

だが、この記者会見で「主役」となった発言は、安倍首相自身のものではなかった。

会見が始まって36分になろうとしていた。5人目の記者の質問が終わると、長谷川榮一《えいいち》内閣広報官が「予定しておりました時間を経過いたしましたので、以上をもちまして、記者会見を終わらせていただきます。皆様、ご協力どうもありがとうございました」と会見の打ち切りを告げた。その時だ。

「まだ質問があります」

質問者の席から女性の声が飛んだ。フリージャーナリストの江川紹子さんだ。江川さんのほかにも、複数の記者が質問しようと挙手を続けていた。

「あの、ちょっと予定した時間だいぶ過ぎておりますので、今回はこれで結ばせていただきます」と長谷川氏。その言葉を聞くや、首相は「はい、どうもありがとうございました」と資料をまとめると、質問席に目をやることなく、足早に会見場を後にした。

この場面は首相官邸のホームページから動画で確認することができるが、同時にまとめられたテキストの会見録には残されていない。

首相はこの約20分後の午後6時57分に官邸を出発し、7時12分に渋谷区富ヶ谷《とみがや》の私邸に到着。その後も特に来客なく過ごしたとされる。

2日後の3月2日。参院予算委員会で立憲民主党の蓮舫副代表が、この記者会見について首相に質問した。以下、安倍首相とのやり取りである。

「ジャーナリストの江川紹子さんが、『まだ質問があります』と挙手をしました。なぜ答えなかったんですか」

「これは、あらかじめ記者クラブと広報室側で、ある程度の打ち合わせをしているというふうに聞いているところでございますが、時間の関係で、時間の関係でですね、打ち切らせていただいたと、こういうことでございます」

「時間の関係で打ち切った。その後、何か重要な公務がありましたか」

「その後も打ち合わせを行ったところでございますが、しかし、基本的にいつもそのような形で総理会見というのは行われていたものと、このように承知をしております」

「いや、（総理は）36分間の会見を終わって、その後すぐ帰宅しています。そんなに急いで帰りたかったんですか」

「いつもこの総理会見においてはある程度のこのやり取り、やり取りについてあらかじめ質問をいただいているところでございますが、その中で、誰にこのお答えをさせていただくかということについては、司会を務める広報官の方で責任を持って対応しているところであります」

「いや、会見で総理は『さまざまなご意見、ご批判、総理大臣としてそうした声に真摯に耳を傾けるのは当然だ』と。だったら、広報官を止めて、遮らないで会見をもっと続けて、江川さんやみんなの声に答えると。何で自らそこでリーダーシップ発揮しなかったんですか」

「総理会見においては多くの社が出席をしておられますし、多くの方々が何問か質問をしたいという希望も持っておられるわけでございますが、その中において広報官の方で（質問者などを）整理をしているということでございます。また、質問のこの通告をあらかじめいただいているのは、幹事社の方々からはいただいておりますが、それ以外の方々からはいただいていないということでございました」

首相は「なぜ自身で会見を続けようとしなかったのか」という蓮舫氏の質問には直接答えようとせず、逃げの答弁に終始した。

「まだ質問があります」問題は即座に波紋を呼び、インターネット上では首相に再度の記者会見を求める署名活動も始まった。

国内で初の感染者が確認されてからおよそ1カ月半。ようやく開かれた安倍首相の記者会見は、自身の政治決断を誇示することを狙った「政治ショー」のはずが一転、「国民に誠実に向き合わない首相」の姿を強く印象づける結果となってしまった。

「責任を取ればいいというものではない」

第2章でも指摘したが、ここでみた安倍首相の「大規模イベント自粛要請」「全国一斉休校要請」は、それぞれ法的根拠が何もないままに行われた。コロナ対策の根拠法となる改正新型インフルエンザ等対策特措法は、この半月後の3月13日に成立。そして、そこからさらに3週間を経て、ついに緊急事態宣言が発令されることになる。

記者会見から5日後の3月5日、政府は4月に予定していた中国の習近平国家主席の国賓としての来日を当面延期することを発表。新型コロナウイルスの感染拡大を受け、訪日準備を円滑に進めることができないとの判断だった。13日にはようやく特措法を改正して、法的根拠を持つコロナ対策が可能になったが（何度も書くが、野党は法改正なしに特措法をコロナ対策に使うことが可能だと指摘していた）、安倍政権は法律に基づいて有効な感染防止策を打つことが十分にできず、改正法成立から2週間もしない24日、夏の東京オリンピック・パラリンピックの延期決定に追い込まれる。

「オリンピック延期決定」が号砲となったかのように、翌25日には東京都の小池百合子知事が「感染爆発　重大局面」として夜間や週末の不要不急の外出自粛を要請（なお、この日の東京都の新規感染者数は41人である）。27日には全国の新規感染者数が初めて100人を超え、コロナ対策を統括する西村康稔経済再生相は、専門家にコロナ対策の意見を聞く諮問委員会で「緊急事態宣言はひょっとしたら、明日、あさってかもしれない」と発言した。

安倍首相は翌28日の記者会見で「今の段階では緊急事態宣言（を出す状況）ではないが、まさにギリギリ持ちこたえている」と述べるにとどめたが、結局ここから10日もしない4

月7日、とうとう緊急事態宣言を発令せざるを得なくなった。

首相にとって決して本意ではなかったはずの緊急事態宣言の発令。習近平氏訪日、東京オリンピック・パラリンピックという政権にとっての「2大イベント」が倒れた末の、敗北宣言のようにもみえた。そして、緊急事態宣言発令を公表するこの日の首相会見で、またも忘れられない場面が発生した。

あの「まだ質問があります」の一件以来、首相官邸は記者会見で質問を求める声が続いている間は、なるべく会見を切らないよう、それなりに気を遣うようになっていた。しかし、緊急事態宣言発令に関する重要な会見とあって、この日は質問が続出。いつしか会見開始から1時間が経過しようとしていた。司会が会見を打ち切ろうとした時、イタリアのメディアの記者が挙手をした。首相は質問を受けることにした。

「ありがとうございます。総理、ごめんなさい。イタリアの方です。帰っていないです。ずっと日本に住んでいます。

今まで世界はほとんどロックダウンにしているのですけれども、日本だけ今まで天国がみえると思いますよね。今までご自分で対策を投じた中で、一か八かの賭けがみられますね。成功だったら、もちろん国民だけではなくて世界から絶賛だと思いますけれども、失敗だったらどういうふうに責任を取りますか」

「一か八かの賭け」がどの施策を意味するのか、やや意味がとりにくかったが、ともかく政権の政策が失敗して感染拡大を起こした時、政治は責任をどう取るのか、という問いであった。これに対する首相の答えはこうだった。

「**最悪の事態になった場合、私たちが責任を取ればいいというものではありません**」

テレビやネットでかたずをのんで、記者会見での首相の言葉を聞いていただろう全国の国民が、思わず息をのむ音が聞こえる気がした。

2月29日のコロナ禍に関しての初会見で、自分の打った施策や政治決断を誇示する一方で、国民の疑問に答えることにおざなりな対応を示した首相は、今度は「最悪の事態になっても責任を取ればいいというものではない」と言い放った。**最高責任者が政策の失敗の責任を取らないとしたら、いったい責任を取るのは誰なのか。**国民一人一人が「一億総ざんげ」のように、自ら責任を負わなければならないのだろうか。

緊急事態宣言の発令という、ある意味大きな局面転換の場面でありながら、何とも寒々とした思いを残した記者会見だった。

2月29日の会見もそうだったが、安倍首相の記者会見は、会見そのものの内容がほとんど残らないにもかかわらず、最後の最後になって、悪い意味で印象に残る場面が生まれてしまう。これはなぜなのだろう。

専門家の見解を「ゆがめて」発信?

「最低7割、極力8割」

この4月7日の首相会見では、もうひとつ気がかりなことがあった。緊急事態宣言の発令に伴い、国民に外出自粛を要請した時の発言である。

「専門家の試算では、私たち全員が努力を重ね、人と人との接触機会を最低7割、極力8割削減することができれば、2週間後には感染者の増加をピークアウトさせ、減少に転じさせることができます。そうすれば、爆発的な感染者の増加を回避できるだけでなく、クラスター対策による封じ込めの可能性も出てくると考えます」

「最低7割、極力8割」が引っかかった。会見4日前の4月3日、厚生労働省クラスター対策班のメンバーだった北海道大学(当時)の西浦博教授が「早急に欧米に近い外出制限をしなければ、爆発的な感染者の急増（オーバーシュート）を防げない」として、人との接触を8割減らす必要性を訴える試算、いわゆる「8割モデル」を発表していたからだ。この試算はマスコミでも大きくとり上げられ、やがて西浦教授には「8割おじさん」というニックネームがつくまでになった。それほどまでに国民によく浸透した試算だったのだ。

微妙に「値切った」のではないか。そんな疑問を抱いた国民は少なくなかっただろう。実際、西浦教授はその後「感染拡大を防止するためには、人との接触を7割減らすだけでは収束確認まで1カ月以上かかる」との試算を公表した。『日本経済新聞』の報道によれば、西浦教授は、感染者の減少を確認できるまでの期間について「接触8割減」なら1カ月程度ですむが、7割減なら2カ月弱を要するとした。西浦教授は「外出自粛は1カ月を超え、2カ月になると実行が難しくなる」と指摘していた。首相の発表と専門家の意識の間にずれが生まれていることが疑われた。

2020年末に発売された西浦教授の著書『理論疫学者・西浦博の挑戦　新型コロナからいのちを守れ！』（中央公論新社・共著）に、こんな記述がある。

「緊急事態宣言を発出する前の週に、その調整が行われていた最後の頃、西村担当大臣から、やっと接触削減の目標について相談がありました。（中略）国民の皆さんに外出自粛を要請することに関してはもう一致していましたが、その度合いや範囲に関しては、経済ダメージや休業補償の範囲を最小にとどめるようにという政府の意思があったようです。だから、できるだけ行動の制限の範囲は狭くして、お金が掛かるから補償もたくさん打たなくて良いようにというのが、官邸や与党によって担当大臣に課せられたミッションだったんですね」

第2章で指摘したことが裏書きされたような記述だが、問題はその後だ。

著書によれば、官邸と専門家の間では「緊急事態宣言を1カ月以上続けるのは避けたい」との認識で一致していた。1カ月での解除を実現するために西浦教授がシミュレーションしたところ「8割ぐらい接触が落ちていないといけない」ということが分かる。以下は著書の引用である。

「その時に、西村大臣からは、大臣室で即座に『これはきついね』と言われました。もう、すぐにそう言おうと決めていたような反応でおっしゃったんです」

西浦教授はさらに「各産業別にどれだけ接触を減らせばトータルで8割を達成できるか」の試算にもとり組んだ。しかし「それを示しても、やはり厳しいものは厳しい。そして、内閣官房の誰かが、8割を7割に勝手に変えてしまって、それをベースにフォーマルな文書の案ができてしまったんです。僕は7割のデータというか詳細は提示したことがありませんでした」

ちなみに、この場面について、新型コロナ対応・民間臨時調査会の調査・検証報告書はこう記している。

「会見で安倍首相は、早期に感染者数の増加をピークアウトさせるための方法として『人と人との接触を最低で7割、極力8割削減する』ことが必要であると強調したが、これは、いわゆる8割モデルを基にしたものであった。もっとも、安倍首相は、8割モデルをそのまま受け入れたのではなく、「8割削減」に伴って予測される経済への甚大な影響への配慮から『最低で7割』という新たな基準を付け加えていた。この点についてある内閣官房の幹部は、『科学的にそれ（8割削減という数字）を受け入れたというよりは、政治的に使って、国民に運動論として求めていくのに使われたと思う』と当時を振り返っている」

断っておきたいが、筆者は安倍首相が「専門家の試算をすべてその通りに採用しなかった」ことを批判するつもりはない。専門家などから多様な知見を得た上で、最後に政治の責任で、必ずしも専門家の提言と一致しない施策をとることも、時と場合によってはあると思う。ただしあくまでも、自らの責任において。

少なくとも「8割モデル」が公表されている以上、首相はそれをストレートに採用しなかった理由について、明確な説明が必要ではなかったろうか。結果として国民には「人との接触8割減」のメッセージは、当の「8割おじさん」の名前ほど広くは浸透せず、まさに調査・検証報告書が記した運動論、言わば「努力目標」程度に受け取られた可能性が高い。

くどいようだが「感染拡大を防止しながら経済を回すためには、その程度の受け取られ方でよい」と政治の責任で判断したというなら、それはそれでひとつの選択だ。しかし、結果として、緊急事態宣言は1カ月で解除できなかった。

第2章にも書いた通り、首相は延長を発表した5月4日の記者会見で「内閣総理大臣として責任を痛感しております。それ（1カ月での解除）を実現できなかったことについて改めて、おわびを申し上げたいと思います」と述べた。その時、あの4月7日の記者会見での首相の発言が頭をよぎった。

「私たちが責任を取ればいいというものではありません」

やはり安倍首相にとって、責任は「痛感するもの」であり「取るもの」ではなかった、ということなのだろうか。

「緊急事態宣言延長」より伝わった「早期解除」

さて、この5月4日の記者会見は、前述した責任問題とは別に「国民とのコミュニケーション」という面においても、考えさせられる内容だった。

緊急事態宣言を延長するとは、国民に、外出自粛などの行動変容をさらに続けてもらわなければならない、ということである。延長せざるを得なかったことを謝罪し、「大型連休までの辛抱」と思い自粛に耐えてきた国民の気持ちが萎えるのを抑え、さらなる協力をお願いするために言葉を尽くさなければならない場面だ。実際、この日の首相会見は、売り上げが激減した中小企業の事業者へのねぎらいやエッセンシャルワーカーへの謝意など、過去の会見に比べても心のこもった言葉が少なからずみられ、全体のトーンは決して悪くないものだった。

だが、肝心のメッセージの伝え方がまずかった。首相は「緊急事態宣言の延長」以上に「5月31日を待たずに宣言を解除する可能性」を強調してしまったのだ。

「本日は尾身《おみ》会長をはじめ、諮問委員会の専門家の皆さんの賛同を得て、今月いっぱい、今月末まで緊急事態宣言を延長することを決定いたしました。ただし、今から10日後の5

月14日を目途に、専門家の皆さんにその時点での状況を改めて評価いただきたいと考えています。その際、地域ごとの感染者数の動向、医療提供体制のひっ迫状況などを詳細に分析いただいて、可能であると判断すれば、期間満了を待つことなく、緊急事態を解除する考えであります」

最も大事な「**緊急事態宣言の延長**」**を語った直後に、「ただし」の一言でそのメッセージの意図を打ち消してしまった。**さらに首相は「今後2週間をめどに（中略）事業活動を本格化していただくための、より詳細な感染予防策のガイドラインを策定してまいります」と、緊急事態宣言解除後の経済活動の再開に前のめりな発言を続けた。

実際、**政府はこの会見からわずか10日後の14日に39県で宣言を解除。25日にはすべての都道府県での全面解除に踏み切った。自ら発表した「5月末まで」を何としても繰り上げる——という、執念にも似たものが感じられた。**

おそらく首相の頭の中では、4日の記者会見の時点で、専門家会議の評価を待つまでもなく、「14日に多くの地域で緊急事態宣言を解除」「5月末を待たずに全都道府県で解除」というシナリオができていたのではないだろうか。

緊急事態宣言は延長せざるを得なくなった。しかし、14日に大都市部を除く大半の県で解除できれば、これらの県では緊急事態宣言の延長はせいぜい1週間強ということになる。すでに指摘しているように、もともと首相は緊急事態宣言の発令には及び腰だった。売り上げが激減した業者らへの補償が生じかねない事態に陥るのを避けたかったわけだ。財政的な意味でも、自ら掲げた「1カ月で解除」を守れなかった責任の重さを少しでも小さくする意味でも、首相は「宣言は『とりあえず』延長するが、それよりも短い期間で解除する」ことを、より強く訴えたかったのではないだろうか。

その結果どうなったか。緊急事態宣言の「延長」が行われたはずの大型連休明け、首都圏では逆に人の流れが戻り始めた。営業を再開する飲食店も目についた。自粛疲れの国民の間に「解除近し」の解放感が生まれたことは否定できない。

専門家会議の助言をもとに「延長」を決めておきながら、記者会見でそれとは逆の（少なくともそう受け止められる）メッセージを出すのなら、いったい専門家会議とは、科学的根拠とは何なのか、ということになる。

緊急時において、政府決定の意図を国民が真逆の方向に受け止めるようなメッセージの発出の仕方には問題があると言わざるを得ない。例えば安全保障上の有事が発生した場合、そのような記者会見は許されない。感染症における緊急事態についても、同様に考えるべきなのではないか。

安倍政権の姿勢は結果として、その後何回も続いている感染拡大の場面において、国民が政府のメッセージをまともに受け止めなくなっていくことにつながっていったと考える。

伝わらないのは「国民の誤解」？

「相談・受診の目安」見直しを責任転嫁

ともかく安倍政権は、緊急事態宣言を当初予定の5月6日に解除することができなかった。緊急事態宣言は7日から延長に入ったが、その翌日の8日、またも国民とのコミュニケーション不足を露呈する事態が発生する。今度は加藤勝信厚労相である。

閣僚は毎週火曜と金曜に行われる閣議の後に記者会見を行っている。この日の閣議後会見で最初に出たのは、こんな質問だった。

「2月に策定しました『相談・受診の目安』について、見直しを進められていることかと思います。週内にも早ければ策定されるのではないかという話もありますが、現在の策定

「37.5度以上の発熱が４日以上続いた場合」という相談センターに連絡する目安を「誤解」であると答弁し、大きな批判を浴びた加藤厚労相（写真提供　朝日新聞社／ユニフォトプレス）

の検討状況等、見通しがあれば教えてください」

「相談・受診の目安」とは、新型コロナウイルスの市中感染が広がった場合に、感染を疑う人が各都道府県に設けられた「帰国者・接触者相談センター」などに殺到する事態を避けるために厚生労働省が作成したもので、２月17日に公表された。「風邪の症状や37・５度以上の発熱が４日以上続く」「強いだるさや息苦しさがある」――場合は、帰国者・接触者相談センターに電話するよう求めていた（この件については後述する）。

５月に入り、厚労省はこの「目安」を改めた。「37・５度以上の発熱が４日以上続いた場合」などとしていた部分を改め、高熱などの強い症状があればすぐに相談するよう勧めることにしたのだ。

8日の記者会見で加藤厚労相は、前述の質問にこう答えた。

「相談・受診の目安は、新型コロナウイルス感染症はこれまでなかった感染症でありますから、そうしたことに、感染した疑いがある方がしっかりと受診をしたり、相談をしていただきたいということで作成をさせていただいているというものでありますから、その基本的な性格付けが変わるものでありませんが、ただこの間、当時2月の段階は、一般の風邪、あるいはインフルエンザ等のまん延時期でもありましたが、そうした症状を有する疾患が、この時期減少していることであります。

そういった意味で、他の疾患による症状との違いを念頭に置く必要性がなくなってきていること、また、**これが『目安』ということが、相談とか、あるいは受診のひとつの基準のようになっている、とのご指摘がありました。我々からみれば誤解であり、これについては幾度となく通知を出させていただきながら、そうではないんだと、相談や受診は弾力的に対応していただきたいと言うことを申し上げてきたわけであります**（後略）」

この発言が国民の大きな批判を受けることになった。

「37・5度以上の発熱が4日以上」という言葉は、新型コロナウイルス感染症の症状について全く知見を持たずに大きな不安を抱いていた国民の間に、強烈に伝わった。ある意味、新型コロナをめぐって安倍政権が国民に向けて伝えた言葉の中で、最も強く伝わったメッセージと言ってもよかった。

3日後の11日、立憲民主党の枝野幸男代表が、衆院予算委員会でこの発言に言及。「37・5度以上の発熱が4日以上」について「明らかにこの『基準』が厳しい状態が続き過ぎたということは間違いありません」と述べた上で、こう続けた。

「厚労大臣は『国民の皆さんや保健所などが誤解をした』と責任転嫁をしています。（中略）この責任転嫁状況で、この危機を乗り切れますか」

「37・5度の熱がないから、だから（ＰＣＲ検査を）受けられない、（発熱が）４日続いていないから受けられない。その声はさんざんこの場でも上げてきたじゃないですか。それが（国民の）誤解だというなら、誤解を解く努力をしてきたんですか。責任転嫁はやめてください」

これに対する加藤厚労相の答弁は、こんな具合だった。

「相談やあるいは検査など、そういったものの目安ではないかというふうに受けとめられ

ていたので、『それは違います』ということは再三再四、国会でもご指摘をいただき、それを踏まえて各都道府県等に通知を出し『それは違うんです、最終的には医師の判断で診《み》てください』ということを申し上げてきた、そういう努力をしてまいりました」

政府は正しく広報してきた。専門家の判断をあおいだ上で「37・5度以上の発熱が4日以上」の表現を決めた。加藤厚労相は「再三再四」という言葉を強調し、結果として国民と専門家に、事実上責任を転嫁した。

この間、多くの国民が「37・5度以上の発熱が4日以上」続かなければ保健所に相談に行けないと自己規制した。帰国者・接触者相談センターの窓口となる保健所の側も、この「目安」を「基準」としてとらえてしまい、相談者を迅速なPCR検査につなげないことも生じた。結果として症状を悪化させた人も少なくなかった。

加藤氏はこれを「国民の誤解」であるとの認識を示した。政府が正しいメッセージを伝えられなかったことを棚に上げ、「受け止めなかった国民や保健所のせい」と考えている、と受け止められても仕方がない。

加藤氏は翌12日の記者会見で「そうした言葉を使ったことが適切だったのかということ、これは真摯に受け止めなければいけないと思っております」と言わざるを得なかった。だがその言葉の直後に「しかし、これはずっと国会で議論をさせてきていただいて……」と、枝野氏への答弁と同様の内容を繰り返した。「政府の責任を認め」という言葉は、とうとう聞かれることはなかった。

ここまで主だったものを拾い上げたが、**記者会見における安倍政権の情報発信を振り返ると、①政権の「成果」を誇示する、②政権の「責任」ははぐらかす、③政権の「責任」が生じた場面では「誤解」などの言葉を使い、国民全体を含む他者に責任を押しつける——という特徴がうかがえる。**そしてこの傾向は、この後の第1波収束後むしろ強まり、それは後任の菅《すが》義偉政権にも引き継がれることになる。

東日本大震災・原発事故での会見

さて、ここからは再び、東日本大震災と東京電力福島第一原発事故時の菅《かん》直人政権が「国民に何を語ったか」を振り返ることになるのだが、ここで押さえておかなければならないのは、コロナ禍と震災は危機のパターンが大きく異なることだ。

コロナ禍は海外におけるウイルスの発生、国内への上陸、さらに市中感染と、時間が経つほど危機が大きくなっていくものだ。これに対して東日本大震災は、基本的に「発生した時が最大の危機」ということになる（原発事故の場合は事故の深刻さが時間の経過で拡大する面があるが、いずれにせよ大きな危機の存在は、震災発生の段階で認識されている）。よって会見のあり方も、ほぼ通常の態勢で行っていたコロナ禍とは全く異なり、同じ観点で比較をすることはできない。ただ、筆者の主観かもしれないが、あえて言うなら「国民に対する目線」には違いが感じられるように思う。

ともかく「単純な比較はできない」前提で、震災当時を振り返ってみたい。

国民への「呼びかけ」重ねて

震災発生後、菅首相が最初に国民の前に姿を現したのは、地震発生から約2時間後の2011年3月11日午後4時54分、首相記者会見だった。会見といっても、人命救助をはじめとした震災対応に政府全体が追われていた段階。菅首相は「記者団の質問を受けず、国民へのメッセージを発する」という形で、4分程度の「記者発表」を行った。

「国民の皆様、もうテレビ、ラジオでご承知のように、本日14時46分、三陸沖を震源とするマグニチュード８・４（のちに９・０に上方修正）の非常に強い地震が発生をいたしました。これにより、東北地方を中心として広い範囲で大きな被害が発生をいたしております。被災された方々には、心からお見舞いを申し上げます。

なお、原子力施設につきましては、一部の原子力発電所が自動停止いたしましたが、これまでのところ外部への放射性物質等の影響は確認をされておりません。

こうした事態を迎え、私を本部長とする緊急災害対策本部を直ちに設置をいたしました。国民の皆様の安全を確保し、被害を最小限に抑えるため、政府として総力を挙げて取り組んでまいります。

国民の皆様におかれましても、今後引き続き、注意深くテレビやラジオの報道をよく受け止めていただき、落ち着いて行動されるよう、心からお願いを申し上げます」

最初のメッセージは「国民へのお見舞い」だった。

念のため付言するが、筆者は別に、このことを「だから菅首相は素晴らしい」などと言うつもりは全くない。あえて言うなら「これがこういう場面での政府発信のスタンダードだろう」ということだけである。

この最初のメッセージで菅首相は、原発事故について「外部への放射性物質等の影響は確認をされていない」と発言した。実は会見開始9分前の午後4時45分、福島第一原発の1、2号機で非常用の炉心冷却装置の注水ができなくなり、原子力災害対策特別措置法（原災法）第15条に基づく特定事象の発生（原子力緊急事態宣言発令の根拠である）が報告されたのだが、菅首相がその事実を知るのは会見を終えた後である。

ここから原発事故は悪化の一途をたどり、菅首相はその対応に追われることになる。会見もこの段階では、首相が短いメッセージを発し、質疑応答はスポークスマンの枝野幸男官房長官が引き受ける「役割分担」の会見が続いた。ただ、今改めて振り返ると、その間も首相会見の回数は思いのほか多い。前述した**発災当日の「記者発表」の後、翌3月12日、13日、15日、18日、25日と、3月の間に5回、記者会見の場に出ている**（**記者の質問を受けず、首相からのメッセージ発信にとどめた日もある**）。

緊迫の度が高かったのは15日だった。第2章で記した、東電が官邸に原発からの撤退を打診し、菅首相が逆に東電本店に乗り込み、政府と東電の対策統合本部を設置した日である。

「国民の皆様に、福島原発についてご報告をいたしたいと思います。ぜひ、冷静にお聞きをいただきたいと思います。

福島原発については、これまでも説明をしてきましたように、地震、津波により原子炉が停止をし、本来なら非常用として冷却装置を動かすはずのディーゼルエンジンがすべて稼働しない状態になっております。この間、あらゆる手だてを使って原子炉の冷却に努めてまいりました。しかし、1号機、3号機の水素の発生による水素爆発に続き、4号機においても火災が発生し、周囲に漏えいしている放射能、この濃度がかなり高くなっております。今後、さらなる放射性物質の漏えいの危険が高まっております。

ついては、改めて福島第一原子力発電所から20キロの範囲は、すでに大半の方は避難済みでありますけれども、この範囲に住んでおられる皆さんには全員、その範囲の外に避難をいただくことが必要だと考えております。

また、20キロ以上30キロの範囲の皆さんには、今後の原子炉の状況を勘案しますと、外出をしないで、自宅や事務所など屋内に待機するようにしていただきたい。そして、福島第二原子力発電所については、すでに10キロ圏内の避難はほぼ終わっておりますけれども、すべての皆さんがこの範囲から避難を完全にされることをお願い申し上げます。

現在、これ以上の爆発や、あるいは放射性物質の漏えいが出ないように、現在全力を尽くしております。特に東電はじめ関係者の皆さんには、原子炉への注水といったことについて、危険を顧みず、今も全力を挙げて取り組んでいただいております。そういった意味で、何とかこれ以上の漏えいの拡大を防ぐことができるように全力を挙げて取り組んでまいりますので、国民の皆様には、大変ご心配はおかけいたしますけれども、冷静に行動をしていただくよう心からお願いを申し上げます。

以上、国民の皆さんへの私からのお願いとさせていただきます」

「冷静にお聞きいただきたい」。こんな言葉で始まった首相会見は、おそらく戦後初めてだったのではないか。

国民への冷静な行動の呼びかけとともに、抑えた表現ながら、原発の現場で事故対応にあたる人々への思いがにじんでいるのも印象的だった。あの「撤退はあり得ない」と同じ日の会見なのである。

何かにつけ東電とのあつれきが指摘されがちだった菅首相だが、原発視察で直接接した吉田昌郎所長への信頼に加え、民主主義国家の長として、これもおそらく戦後初めて「命をかけてください」という、あり得ない言葉を口にせざるを得なかったことに対する痛切な感情もあったように思われる。

記者会見とは少し違うアプローチだが、翌4月には菅首相と高木義明文部科学相の連名で「新学期を迎えるみなさんへ」というメッセージが、小学生向け、中学・高校生向けの2本、発出された。コロナ禍でも全国一斉休校で子供たちへの影響が懸念されたこともあり、参考までに小学生向けのメッセージを紹介しておきたい(ルビは外している)。

〈みなさん、入学、進級おめでとうございます。

この4月から、また新しいお友達をたくさん作ってください。

みなさんは、この4月、希望に満ちた春を迎えるはずでした。

しかし、この春は、私たちにとって、とてもつらい春になってしまいました。

ご存じのように、3月11日、あの大地震と津波が日本をおそったのです。みなさんの中にも、ご家族を亡くされたり、あるいはいまも避難所から学校に通ったりしている人たちがいることでしょう。

避難所の中では、みなさんがお手伝いをしたり、お年寄りや身体の不自由な人を助けて、掃除をしたり、食事の準備をしたりしてくれているという話をたくさん聞きました。本当にありがとう。

いま、みなさんは、すべての悲しみや不安から逃れることはできないかもしれません。でも、みなさんは、けっして一人ではありません。どうか、先生やお友達と助け合って、一日も早く、みんなが楽しく安心して学び、遊べる学校を取り戻しましょう。私たちも全力で、みなさんと一緒にがんばります。

災害にあわなかった地域の児童のみなさんにも、お願いがあります。

どうか、みなさんの学校にやってくる、避難してきた仲間たちを温かく迎えてあげてください。すぐ近くに、そういったお友達がいなくても、遠く離れて不自由な生活をしている子どもたち、あるいは、この震災で亡くなり、進学、進級を果たせなかった子どもたちのことも、同じ仲間だと思って、祈りとはげましの声をあげてください。

小さなみなさんも、節電をしたり、おこづかいを貯めて募金をしたりしてくれているという話もたくさん聞きました。そして、私たちはとても誇らしい気持ちになりました。みなさんのその思いやりがあれば、日本はきっと、もっともっと素晴らしい国になって、もう一度立ち上がります。

もっとも被害の大きかった東北地方にも、もうすぐ春が訪れます。

みなさんは、「桜前線」という言葉を、先生からもう習いましたか？　桜の花が開く日を線で結んだものです。

日本の国土は縦に細長いために、沖縄では例年1月上旬に開花宣言が行われ、その桜前線は、約半年をかけて、5月の下旬に北海道の北端に到達します。自然がおりなす、素晴らしい命のリレーです。

自然は、今回の地震や津波のように、時に、私たちに厳しい試練を与えます。しかし桜前線のように、私たちをやさしく包んでくれるのも、また自然の力です。

みなさんも、どうか、思いやりのリレーのバトンを、被害を受けた地域の仲間に届けてください。電車の中でお年寄りに席を譲ること、身体の不自由な方たちの手助けをすること。そうした身近な人への思いやりが、きっと少しずつ広がって、桜前線と一緒に、被災地に届くことでしょう。

この思いやりのバトンは、世界中からも届けられました。世界中から、救助の人が来てくれたり、支援の品が届けられたりしました。みなさんも、たくさん勉強をして、今度は、このバトンを世界中の困っている人たちに返してあげられるような大人になってください。

原子力発電所の事故に対して、危険をかえりみずに立ち向かう消防士さんや自衛官、電力会社の人たちの姿。各地の被災地で救命救急活動に当たった警察官やお医者さん、看護師さん、そして何より、本当に命がけでみなさんを守ってくれた学校の先生たちの姿を忘れないでください。みなさんも、もっともっと身体を鍛え、判断力を養い、やさしい心を育んで、他人のために働ける人になってください。

私たちも、全国の学校の先生方も、みなさんが笑顔で登校できるように、全力でみなさんを支えます。日本の未来は、みなさんにかかっています。みなさんの明るい笑顔で、日本を元気にしてください。〉

入らぬ情報と「枝野寝ろ」

一刻を争う原発事故への対応に追われることになった菅首相は、国民に直接向き合う役割を、内閣のスポークスマンたる枝野官房長官に任せた。官房長官は通常、平日の午前11時と午後4時の2回、定例の記者会見を行っているが、**防災服姿の枝野氏は深夜早朝を問**

原発事故に関して連日連夜、記者会見を行った枝野官房長官には、体調を心配して「枝野寝ろ」というメッセージが多く寄せられた（写真提供　朝日新聞社／ユニフォトプレス）

わず、原発の状況や被災者向けのメッセージを細かく発信し続けた。

テレビで震災と原発をめぐる衝撃的な映像が24時間態勢で流れ、国民全体が大きな恐怖や不安をかき立てられる中、人々はテレビで全編流される枝野氏の記者会見に釘《くぎ》付けになった。ネット上では「枝野寝ろ」などといった応援のメッセージが多数書き込まれた。菅政権そのものへの批判が根強い中で、枝野氏の発信そのものは、全体としては比較的高く評価されていたように思う。

一方、未曽有の大災害、特に原発の危機に対する恐怖感が高まる中、十分な情報を得られないことに対する国民のいらだちは募り、枝野氏のいくつかの発信にも強烈な批判が投げつけられた。しかし、十分な情報を得られないことについて、国民以上にいらだちを募らせていたのは、当の枝野氏ら官邸の政治家たちだった。

震災当日の3月11日夕。大震災で被災地との通信が途絶し、被害状況がほとんど把握できないなか、枝野氏はやや違う方向からの心配を募らせていた。東京も千代田区で震度5強という強い揺れに見舞われ、首都圏の鉄道は完全にまひしていた。サラリーマンらの帰宅時間が迫っていた。このままでは大混乱する。

枝野氏は「午後5時までに何らかの発信をしたい」と考えた。だが、国土交通省に鉄道の状況を尋ねても、その日のうちに動くのかどうかさえ確実な情報が入ってこない。業を煮やした枝野氏は、自らJR東日本の清野智《せいのさとし》社長に「今晩中に首都圏の電車は動きますか」と電話。当日中の復旧が無理であることを確認した枝野氏は、午後5時39分に会見に臨み、こう呼びかけた。

「交通機関が動かない状況で、徒歩等で無理に帰宅をされると、2次的な被害に遭われるということにもなりかねません。冷静に落ち着いていただき、遠距離、また中遠距離の方については、無理にご帰宅をされないということをお願い申し上げます」

地震被害の情報もこのような状況だったが、原発事故の情報の不足はこの比ではなかった。それについては第1章でも紹介したが、菅首相や枝野氏らにとって最も衝撃が大きかったのは、発生翌日の12日午後、原発の1号機が水素爆発を起こした時だろう。

原子力安全委員会の班目春樹委員長から「総理、原発は爆発しません」と聞かされていた菅首相らは、前述したように、その爆発をテレビ映像で知ることになった。霞が関からも東電からも「第一報が入ってきていなかった」からである。

これを「霞が関の情報を集約できない首相官邸の問題」と一蹴することはたやすい。しかし、震災と原発事故におけるあらゆる事象において、官邸側が何度となく情報を求めても、霞が関や東電が十分な情報を上げられなかったことも、また事実であった。

枝野氏の著書『叩かれても言わねばならないこと。』（東洋経済新報社）によれば、東電が「福島第一原子力発電所1号機付近での白煙発生について」という広報資料を発表したのは、日本テレビの放映からさらに50分近く経った後の午後5時35分。「午後3時36分、直下型の大きな揺れが発生し、1号機付近で大きな音があり白煙が発生しました。プラントの安全確保作業に携わっていた当社社員2名、協力企業作業員2名が負傷したため、病院に搬送しました」とあるだけだった。経産省の原子力安全・保安院からも報告がない。

官房長官会見の時刻が10分後の午後5時45分に迫っていた。国民がテレビで爆発をみている。説明をしなければならない。なのに、テレビで映像が流れ、日本はもとより世界じゅうが爆発の事実を知っている今もなお、手元にはこの東電の資料程度の情報しかなかった。

枝野氏を補佐する福山哲郎官房副長官は「もう少し詳しいことが言えるまで、会見の時間をずらしてはどうでしょうか」と提案した。これに枝野氏は「これだけの映像が流れているのに、会見を遅らせれば『政府は何か隠しているのではないか』と言われる。国民は余計に動揺するでしょう。会見は予定通りやりますよ」と主張。菅首相も「うん、やってもらおう」と応じ、枝野氏は手元にほとんど資料のない「丸腰」状態のまま、記者会見に臨んだ。

「すでに報道もされております通り、福島第一原子力発電所においてですね、原子炉そのもののものであるということは今のところ確認されておりませんが、何らかの『爆発的事象』があったということが報告をされております」

「爆発的事象」は、とっさの枝野氏の造語だったが、発言は大きな批判にさらされた。「官邸は爆発について、何かを隠しているのではないか」というわけだ。その意味では、会見前の枝野氏の懸念は、会見したからといって払拭することはできなかったのかもしれない。こうした状況は発災5日目の3月15日早朝、菅首相が東電本店に乗り込んで政府との対策統合本部を設置した段階で大きく改善されることになるが、それは少し先の話である。

菅氏はのちに前述の自著で「爆発的事象」という言葉について「東電からも保安院からも『爆発』との正式な報告がない以上、政府の対策本部としては『爆発』と断定できなかったのだ」と補足している。

官邸は保安院の会見を「止めようとした」のか

この「爆発的事象」記者会見には、実は後日談がある。原子力安全・保安院が、爆発事故を受けて独自に記者会見しようとしていたことが、後になって判明したのだ。

官邸の再三の問い合わせにも情報を上げられなかった保安院が、どんな記者会見をしようとしたのかは判然としない。ただ、前述の福山副長官の自著によれば、保安院はそれまでも「官邸に時刻も内容も連絡しないまま会見を開いていた」という。だが、それでは情報が錯綜《さくそう》し、国民は混乱する。何よりもまず「保安院が会見する」という情報が、官邸に入ってきていない。

首相秘書官のひとりが「保安院が記者会見する場合は、それに関する情報を事前に官邸に上げてください」と注意喚起した。しっかりとした情報共有を促したのだ。だが、そのことが知られると「官邸が保安院の会見をストップさせ、都合の悪い情報を出さないようにした」と喧伝されるようになってしまった。

もっとも、こうした保安院の姿勢を含めて、そのすべてを完全に統括するのが政権の役割だ、と言われればそこまでである。その意味で菅直人政権の霞が関掌握には少なからず問題があったのかもしれない。ただ、この時の官邸が、東電や保安院がバラバラの発信を続けて国民が混乱するのを避けるため、情報を共有した上で、官邸で一元化して公表しようとしたことの意図は、筆者は一定の理解はできる。

逆に、そうされると困る理由が、当時の保安院や東電にあったのだろうか。

「直ちに影響はない」と「切り取られない発信」

枝野官房長官の当時の記者会見で最も大きな批判を受けたのが「直ちに健康に影響はない」発言だろう。福島県などで野菜や牛乳、水道水などから放射性物質が検出された時の発言だが、放射線被害の影響全般を軽視したとして、主に原発反対派から強烈に批判された。「直ちに」という表現が、逆に「将来は影響があるのではないか」という不安を呼び起こした、というわけだ。

この発言を含む自らの記者会見について、枝野氏はのちに前述の自著『叩かれても言わねばならないこと。』でこう振り返っている。

「東日本大震災の発生からの数日間、各テレビ局がニュースで報じた私の記者会見は、ほとんど生中継だった。次々と断続的に開かれる会見はフルバージョンか、あるいはそれに近いかたちで放送された。

大部分の国民にとって、政治家の会見を10分間なら10分間、すべて通しで見る機会は、おそらく今回が初めてだったのではないだろうか。

その場合、カットされて編集を経た会見とはまったく受け取られ方が違うということを強く感じた。生のままカットされない会見は国民に誤解されにくい。だからその場その場での批判はほとんど来なかったように思う」

「生のままカットされない会見」とはどんなものだろう。例をみてみたい。

この問題が最初に記者会見で言及されたのは、発災9日目の3月19日。福島県で採取された牛乳と、茨城県で採取されたホウレンソウの検体から、食品衛生法上の暫定基準値を超える放射線量が検出されたという報告があった、という内容だった。

そのことをまず報告した上で、枝野氏の会見はこう続く。

「このため、厚生労働省において、本日未明、福島県に対し、また本日昼、茨城県に対し、関係情報を調査の上、食品衛生法上に基づき、当該検体の入手先、同一ロットの流通先の調査、結果によっては販売の禁止等、食品衛生法に基づく必要な措置を講ずるよう依頼をしたところでございます。

国としては、福島第一原子力発電所災害との関連を想定しつつ、原子力災害特別措置法の枠組みの下で、さらなる調査を行ってまいります。その上で、その調査結果の分析評価をしっかりと行い、一定地域の摂取制限や出荷規制等の対応が必要であるかどうか、必要であるとすれば、どの範囲とするかなどについて、早急に検討を出してまいりたいと考えております。

なお、今回検出された放射線物質濃度の牛乳を、仮に日本人の平均摂取量で1年間摂取し続けた場合の被曝線量は、CTスキャン1回程度のものであります。ホウレンソウについても、やはり日本人の年平均摂取量で1年間摂取したとして、CTスキャン1回分のさらに5分の1程度であるという報告を受けております。

また、今回つくりました暫定的な基準値というものでありますが、この暫定的基準値は、国際放射線防護委員会の勧告に基づき設定したものでございますが、当該物を一生飲食し続けることを前提として人体に影響を及ぼすおそれのある数字として設定をされた数字、これに基づいて、今回報告がなされ、より広範な調査、分析、評価を行う必要があるとしたものでございまして、直ちに、皆さんの健康に影響を及ぼす数値ではないということについては、十分ご理解をいただき、冷静な対応をお願いしたいと思っております」

確認できた範囲では、おそらくこれが最初の「直ちに……」発言だ。

2日後の21日の会見では、原子力災害対策特別措置法の規定に基づき、菅首相からそれぞれの県知事に対し、一部の地域や品目に関して出荷制限の指示が出されたことが報告された。さらに23日には、出荷制限に加えて摂取制限、すなわち国民がこれらの食品を食べないようにさせる指示が出されたことが報告される。

以下、この時の枝野官房長官の会見である。

「私から野菜、それから原乳についての原子力災害特別措置法に基づく総理大臣からの指示についてご報告を申し上げます。

本日、原子力災害対策特別措置法20条3項の規定に基づき、内閣総理大臣から福島県知事に対し、一部食品の出荷制限及び摂取制限を指示いたしました。具体的には、非結球性葉菜類。ホウレンソウ、コマツナなどの玉にならない、広がっている形の葉っぱものです。それから、結球性葉菜類。キャベツ等の丸く固まった形、球を結ぶ形の野菜類及びアブラナ科の花蕾《からい》類、ブロッコリーやカリフラワーなど、及びカブについて、当分の間、出荷を差し控えるよう指示をいたしました。ただいまのところから、カブを除いた非結球性葉菜類、ホウレンソウ、コマツナ等。結球性葉菜類、キャベツ等。それから、アブラナ科の花蕾類、ブロッコリーやカリフラワー等について、茨城県に対し、当分の間、摂取を差し控えるよう指示をいたしました。

これらの指示は、現時点で一時的に、こうしたものは食用に供されたとしても、健康に害を与えるようなものではございません。しかしながら、こうした状況が今後、長期にわたって継続をすることが残念ながら想定される中で、念のために早い段階から出荷を差し控えていただき、かつ、できるだけ摂取しないようにしていただくことが望ましいといった趣旨で、今回、出荷制限及び摂取制限を指示したものでございます。

先ほど申し上げましたさまざまな野菜類のデータは、厚生労働省からご報告をいただいているはずでございますが、最大値を示した野菜を約10日間にわたって食べていたと仮定しても、1年間の自然放射線量のほぼ2分の1にとどまるものでございまして、直ちに健康に被害が出ないことはもとより、将来にわたって健康に影響を与えるような放射線量を受けることにはなりません。ただ、こうした状況が今後も継続することが想定されることから、今の段階で、できるだけ摂取をされないことが望ましい。そして、出荷を差し控えていただくよう指示をしたものでございます。

なお、福島県については、全農系列はすべての露地野菜について、3月21日以降、出荷を自粛しておりました。ただし、全農系列以外では、ホウレンソウ、カキナ以外のものについて出荷をしていた可能性がありますが、ただいま申しました通り、万が一食用に供されていたとしても、人体に影響は及びませんので、そこはご安心をいただきたいと思います。今後もさまざまなモニタリングを強化いたしまして、それに基づいて出荷制限あるいは摂取制限についての範囲、対象については、その都度、適宜指示をしてまいる見通しでございます。また、これらの出荷制限の実効性を担保し、消費者の食の安全を確保するため、出荷制限の対象となったものについては、適切な補償が行われるよう万全を期してまいります」

この後に茨城県への指示が続くが、ここは割愛する。ちなみに、ここで農家を想定した

「適切な補償」への言及があることが、コロナ禍における安倍政権の対応と比して印象に残るが、ここではその話は指摘にとどめる。

会見全文から与えられる印象が「直ちに健康に影響はない」というワンフレーズと比べて異なるかどうかは、会見を聞いた側の判断に委ねられるので、ここで言及はしない。

ただひとつだけ指摘するとしたら、緊急時には「全体を聞けば分かる」だけでなく、短い言葉で最も大切なことを強烈に伝えないといけない局面もあるはずだ。いわゆる「ワンフレーズ政治」を筆者は全く好まないが、それが決定的に必要なこともある。また、予期せぬ事態に追い込まれ、不安や恐怖で冷静に全体を聞くことができなくなる国民心理もあろう。その意味においては、この時の枝野氏の発信についても、さらに磨きをかけるべき課題が全くなかったとは言わない。

「もう帰るんですか」の後に

ここまで枝野官房長官の記者会見について述べてきたが、最後に改めて、菅首相の国民への目線という点で、筆者が忘れられないエピソードを記しておきたい。

原発事故から1カ月あまりが過ぎた4月21日。菅首相は、事故で避難を強いられた福島県大熊町と葛尾《かつらお》村などの住民の避難所となっていた同県田村市の体育館を訪ねた。原発は初期の危機的な状態をどうにか脱していたが、事故対応はなお厳しい状況が続いており、何より多くの避難者たちが、いつ住み慣れた我が家に戻れるかも分からない不安な日々を送っていた。

避難所で菅首相は7人の住民と話をした後、足早にその場を離れようとした。その日のうちに帰京し、オーストラリアのギラード首相との会談に臨まなければならなかった。その時、避難所から大きな声が飛んだ。

「もう帰るんですか」

首相から声をかけられなかった葛尾村の夫婦だった。

「無視して行かれる気持ちって分かりますか」

この場面はその後、テレビやネット動画などで何度となく繰り返し流された。ほかの避難者の「正直、菅さんが来ても何もしてくれないし、期待していない」などの不満もセットになって報じられ、「被災者に冷たい首相」のイメージが、これでもかとばかりに喧伝された。

実は、この場面には続きがある。

呼び止めた夫婦の声を耳にした菅首相は、とって返すと夫婦に謝罪を繰り返した。

「ごめんなさい。いや、あの、話聞かせてください。そんなつもりじゃなかったんです」

夫婦の怒りは収まらない。

「もう1カ月も避難しているんですよ。（無視されて）ひどく傷つきました」

「知らなかったもんですから」

「知らなかったって、俺らはここで待ってましたよ、総理を」

「本当にごめんなさい。通り過ぎるつもりではなかったんです」

首相はその後、黙ってただ夫婦の怒りを受け止めた。

「本当に先がみえない不安を、みんなここにいる人は抱えてやっているわけですよね」

「（内閣の人たちを）みんな連れてきて、ここで生活してみてください。（避難者が）どんな思いをして生活しているか……」

「本当に大変で。原発何とか抑えてください」

首相は答えた。

「長い避難生活で大変だと思いますけど、子供さんのためにも、全力を挙げてやりますんで」

この体験は菅首相の心に大きな影響を与えた。田村市に続いて訪れた郡山市の避難所で、首相は当初予定より時間をかけて被災者に声をかけて回り、ギラード首相との会談は30分以上遅れてしまった。

視察を終えた時、記者団に「もっと被災者の立場に立ってすべてのことを考えなければならないという（ことを）、改めて私も痛感いたしました」と語った菅首相。そして5月4日、菅首相は二度目の避難所視察で、この姿勢をさらに徹底させる。

菅首相はこの日、埼玉県加須《かぞ》市の旧県立騎西《きさい》高校（閉校）を視察した。ここには、原発が立地する福島県双葉町から、井戸川克隆《かつたか》町長をはじめ約1200人の住民が集団避難していた。首相は埼玉県の上田清司《きよし》知事らとともに、避難所として使われていた体育館や教室など約40カ所をすべて回ると、ほとんどの住民と言葉を交わした。

「町に戻れないなら言ってほしい。『新しい場所に住める』と言ってもらった方が、希望を持てる」

「東京電力にすべて負わせるのでなく、国としてもしっかり補償してほしい」

声を震わせ、時に涙声で訴える住民の声に、菅首相は神妙な表情で「責任を感じる」と答えると、可能な限り一問一答でその場で答え続けた。

井戸川町長との会談を含め、視察時間は当初予定の1時間を大幅に超え、約5時間に及んだ。終了後には「できるだけ元の生活にみなさんが戻っていただけるように努力しなければいけないと、改めて思ったところです。特に『今後の子供たちのことを考えて、自分たちはどうすればいいのだろうか』と。そういうお話が、一番胸に突き刺さりました」という言葉を残している。

視察に同行した上田知事は「久々に菅首相の『ど根性』をみた。5時間も話を聞いて回るのは、誰でもできることではない。みんなに安心感を与えた」と評価した。だが、この視察についても、4月の「もう帰るんですか」を蒸し返して皮肉る報道が目立った。

のちに菅氏は、一連の避難所訪問について、前述の自著でこう振り返っている。

「原発の近くから避難してきたある女性は、『私の夫は東電の社員で福島原発で働いています。そのため周りから厳しい目で見られています。夫は危険を承知で現場で働いていいます』と涙ながらに話してくれた。

またある男性から『ここから私の家まではアメリカに行くよりも遠い』と言われた時、私には返す言葉がなかった。地震や津波で避難されている人のご苦労も大きいが、原発事故では家は無傷でありながら、その家に戻れないという点で、精神的にも大きな負担をかけていることを痛感した。

避難先で子供が差別され、いじめにあっている話も聞いた。福島原発事故が多くの人たちに精神的にも深い傷を与えていることを痛切に感じた」

震災と原発事故当時の菅首相は、どんな行動をとっても、全方向から非難の嵐を受けていた。避難所視察に関して言えば、視察が短ければ「被災者無視」、長ければ「パフォーマンス」という具合だ。個人的には「評価が厳し過ぎるのでは」と思うこともないわけではなかったが、それでも筆者は当時、菅首相がこのような扱いを受けることは、ある意味当然だと考えていた。

震災と原発事故という非常時にあって、自分に何の落ち度もないのに、不条理な現実を前にぼう然とするしかない人たちが、あの時は大勢いた。まして原発事故では、緊急事態において国民の生命を守るための苦渋の決断だったとはいえ、菅首相は原子力災害対策本部長として原発から半径20キロ圏内の住民に避難指示を出し、多くの福島の人たちから住み慣れた家を奪う形になった。事故から10年が経過した現在も、もといた家に戻れずにいる人、戻ることをあきらめてしまった人たちがいる。

あの時、多くの国民が感じた理不尽、その悲しみと怒りを受け止める責任を負うのは、国民の代表たる政治家しかいない。だから菅首相が、当時あらゆる方向から罵倒されまくっても、仮にその中に不当な評価があったとしても、厳しくともそれに耐え、受け止めることが、その時に首相の立場にある者の役割だと考えていた。

この思いは今も変わらない。

海外リーダーたちの言葉

安倍政権のコロナ禍と、菅《かん》直人政権の震災と原発事故にある共通項は、単に「未曽有の国難」ということだけではない。第２章でもみてきたように、政治が公権力を行使したことによって、国民の私権を大きく制限し、結果として社会生活や経済活動に深刻な影響をもたらしてしまった、ということだ。

「最悪の事態」を避け、多くの国民の生命と暮らしを守るために、政治としてそういう強権発動を避けることができなかったのだとしたら、せめてそのような状況に追い込まれた国民に対し、政治は誠意のある言葉を持たなければならないはずだ。

コロナ禍でロックダウンを行う理由を説明するドイツのメルケル首相。この演説は政治家の説明責任を果たすものとして高く評価された（写真提供 ユニフォトプレス）

ここで少し日本を離れ、海外に目を転じてみたい。

コロナ禍は日本のみならず、全世界で同時多発的に進行した。世界各国・地域のリーダーが、未知の感染症という同じ課題にとり組み、結果として世界のトップの発言がそれぞれに比較されることになった。こういう事態は珍しいことではないだろうか。

各国のすべての対応を総覧するのはとても無理なので、ここでは国内でも話題になった各国リーダーの発言をいくつか紹介しておきたい。

ドイツ・メルケル首相

海外のリーダーの発言として最も有名なのが、ドイツのメルケル首相の一連の演説だ。特に2020年3月18日のテレビ演説は、日本でも大きな共感を呼んだ。2日前の3月16日、ドイツ連邦政府は隣接するフランスなどとの国境を事実上封鎖した。1月27日に初の感染者が確認されてから1カ月半で踏み切った、いきなりのロックダウン（都市封鎖）。学校や幼稚園をはじめ、劇場や映画館、博物館や、生活必需品を扱う店を除く多くの商店などが閉鎖され、コンサートなどイベントの開催も禁じられた。テレビ演説はこうした強硬措置を受けてのものだった。

メルケル首相は「事態は深刻です。皆さんも深刻にとらえていただきたい。ドイツ統一、いや、第二次世界大戦以来、我が国における社会全体の結束した行動が、ここまで試された試練はありませんでした」と、コロナ危機の深刻さを「第二次世界大戦以来」という強い言葉で表現した。

この演説で最もよく知られているのが、以下のくだりだろう。

「これらは、ドイツ連邦共和国がかつて経験したことがないような制約です。次の点はしかし、ぜひお伝えしたい。こうした制約は、渡航や移動の自由が苦難の末に勝ち取られた権利であるという経験をしてきた私のような人間にとり、絶対的な必要性がなければ正当

化し得ないものなのです。民主主義においては、決して安易に決めてはならず、決めるのであればあくまでも一時的なものにとどめるべきです。しかし今は、命を救うためには避けられないことなのです」

国民に数多くの行動制約を課すことについて、メルケル首相は「渡航や移動の自由が苦難の末に勝ち取られた権利であるという経験をしてきた私のような人間にとり、絶対的な必要性がなければ正当化し得ない」と述べた。親の転勤で生まれて間もなく旧東独に移り住み、西側への移動もままならない環境で育った自らの重い経験を踏まえた演説は、国境を超えて多くの人々の心を打った。

演説でメルケル首相は、医療従事者やフリーランスで働く人々、スーパーのレジ係などさまざまな業種の人々に目を配り、謝意を述べた。演説5日後の23日には、従業員5人までの零細企業や個人事業主に対し、3カ月分の一括給付として最大9000ユーロ（約105万円）を、10人までの中小企業には同様に最大1万5000ユーロ（約175万円）を支給するなどの中小企業支援策を発表。芸術家やフリーランスのクリエイターにも給付金の緊急支援を行った。報道では「申請から2日で振り込まれた」という市民の声も紹介された。

2021年秋の退任が決まっているメルケル首相だが、コロナ対応への評価でむしろ存在感を増した。テレビ演説から半月後の4月2日に公表された世論調査結果では、メルケル首相への満足度は64％と、前月比で11ポイントも増えたという。

ニュージーランド・アーダーン首相

コロナ禍での発信という点では、ニュージーランドのアーダーン首相も大きな支持を受けたひとりだ。2017年、37歳の若さで首相に就任。現職中に産休を取得し、その後も子連れで国連総会に出席するなど、仕事と子育てを両立させる姿が注目されていたが、コロナ対応で改めて評価を高めた形だ。

メルケル首相がテレビ演説を行った翌日の3月19日、ニュージーランドでも国境封鎖が行われた。世界のすべての国からの入国が禁じられたのだ。首相は連日のように記者会見でコロナ対策について国民に説明し続けたが、印象深かったのはやはり、ソーシャル・ネットワーキング・サービス（SNS）を使った発信だろう。

ニュージーランドでは3月25日に国家非常事態宣言が出され、買い物や散歩以外の外出が禁止された。その夜午後8時過ぎ、アーダーン首相はおそらく首相公邸の部屋から、国

民に向けてフェイスブックで動画配信を始めた。

モスグリーンのスウェットという普段着姿で登場した首相は「カジュアルな格好でごめんなさい。赤ちゃんを寝かしつけるのが大変で……」「これから数週間続く自宅待機に備えるため、オンラインでいくつか質問に答えることにしました」と、画面の向こうの国民に気さくに語りかけた。

「子供たちを散歩に連れて行ってていい？」

「一緒に暮らしている人とは行っても大丈夫ですよ。でも、ほかの人とは距離を保って」

「公園で運動はできますが、遊具に触らないで」

「近所に行くのに車を使うと警察に止められるのか」

「できる限り近所にとどめてくれると助かります」

ビザの期限切れや家賃の支払いなどさまざまな質問が飛んだが、アーダーン首相は質問した人の名前を友達のように呼びながら、約17分にわたって笑顔で答え続けた。

国民に直接語りかけるアーダーン首相の姿勢は共感を呼んだ。寄せられたコメントの中には「あなたは今までで最高の首相だ」という声もあったという。

台湾・蔡英文《さいえいぶん》総統

ＳＮＳを市民とのコミュニケーションにうまく活用したという点では、台湾の蔡英文総統も挙げられるだろう。

２００３年に重症急性呼吸器症候群（ＳＡＲＳ）で70人以上の死者を出すなど対応に苦しんだ台湾は、その苦い経験を踏まえ、２０２０年１月下旬に中国人の入境手続きを原則停止するなど早期の水際対策や徹底した隔離政策、さらに、いち早くマスクの増産を行うなど素早い感染拡大防止措置を連発。東アジアの中でも感染者数を劇的に低く抑え込んだ。台湾と言えば「天才プログラマー」として知られるＩＴ担当の唐鳳（オードリー・タン）政務委員（閣僚級）の存在が注目されがちだが、情報発信の上でも効果を上げている。

蔡総統は、１月21日に最初に台湾で感染者が確認されると、翌22日、この問題で初の記者会見を開いた。「17年前、私たちはＳＡＲＳの嵐を一緒に耐えた。17年後の今、私たちには十分な経験と準備、挑戦に立ち向かう十分な自信がある」と呼びかけた。

コロナ対応の発信は、対策本部トップの陳時中・衛生福利部長（衛生相）に一元化。**陳部長は台湾で感染者が確認されて以降、専門家とともに、約半年間にわたって連日記者会見を続けた。会見には時間制限を設けることをせず、どんなに長引いても記者の質問が途**

切れるまで答え続けた。

「感染者が過ちを犯したのではない。接触者にも罪はない」「隔離対象者は肉の塊ではない。人間だ。思いやりに満ちた制度をつくり、社会で支えることが解決につながる」。冷静沈着ながら、時に感染者を思い涙ぐむ温かい語り口に市民は信頼を寄せた。不眠不休で対応にあたる姿に「鉄人大臣」のニックネームがつき、ネット上には「少しは休んで」とねぎらう声が相次いだ。東日本大震災当時の「枝野（官房長官）寝ろ」をほうふつとさせた。

こうした基本的な情報発信に加え、蔡総統は自らのフェイスブックやツイッターのアカウントを用いて、時に柔らかめの発信で住民の心を和らげた。

未知の感染症であるコロナ禍をめぐっては、世界各地でさまざまなデマが飛んだ。蔡総統はエイプリル・フール前日の3月31日、自身のフェイスブックで「我慢できない人はユーモアセンスを発揮しても良いですが、新型コロナで冗談を言ってはいけません」と投稿。代わりに「幸運を呼ぶ」とした猫の画像を拡散するように呼びかけた。

海外に向けても積極的に発信した。日本語のツイートも多い。4月18日には、この日フォロワーが100万人に達したことに謝意を示すとともに、日本にマスク200万枚の寄贈を表明したことに触れ、「マスクが少しでもCOVID-19と闘う日本の役に立てれば。共に戦えば、一人一人の力の和より大きな力を生み出せる！」と呼びかけた。

その半月ほど前の3月30日には、この日新型コロナウイルス感染症で亡くなったことが伝えられたコメディアンの志村けんさんについて、「国境を超えて台湾人にたくさんの笑いと元気を届けてくれてありがとうございました。きっと天国でもたくさんの人を笑わせてくれることでしょう。ご冥福を心から祈ります」と、美しい桜の画像付きで投稿。日本の政治家以上にきめ細かい心遣いをみせたことも話題になった。

いずれの国・地域も、住民に対し自宅待機を含む厳しい私権制限を課しているが、対策への満足度はおおむね高く、支持率はむしろ上がっている。積極的に情報を公開する姿勢に加え、その内容が、政治によって痛みを強いられる住民への思いやりが感じられる発信のため、多くの共感と信頼を与えられているからだろう。こうした国・地域では、住民も自ら積極的に痛みを引き受けたり、住民同士の助け合い（共助）に進んで乗り出したりしている。

ひるがえって安倍政権である。自らの成果誇示を優先し、いざ批判を受けると自らの責任についてはぐらかし、そればかりか「国民の誤解」として責任を他者に押しつける、といった態度は、コロナ禍で政権が実際にとった施策の善《よ》し悪《あ》し以前に、筆者には耐えがたいものだった。

そう言えば安倍首相も、記者会見以外にSNSを使って国民とのコミュニケーションを図ろうとした場面があった。緊急事態宣言中の4月12日、歌手の星野源さんが歌う「うちで踊ろう」の動画に合わせて、自宅で愛犬を抱いたりティーカップを手にしたりしてくつろぐ姿の動画を、首相官邸のインスタグラムや自身のツイッターに投稿したのだ。

安倍晋三 @AbeShinzo · 7時間
友達と会えない。飲み会もできない。
ただ、皆さんのこうした行動によって、多くの命が確実に救われています。そして、今この瞬間も、過酷を極める現場で奮闘して下さっている、医療従事者の皆さんの負担の軽減につながります。お一人お一人のご協力に、心より感謝申し上げます。
17,695 66,743 231,838

星野源さんの「うちで踊ろう」に合わせて安倍首相がアップした自宅でくつろぐ動画。この頃から政権への批判が高まっていく（写真提供　共同通信社／ユニフォトプレス）

当時、ギターの弾き語りでこの曲を披露した星野さんの動画に合わせて、ほかのミュージシャンらが歌ったり踊ったりするコラボ動画を次々に発信し、外出自粛に耐える国民を楽しませてくれていた。ところが、首相の動画が発信された途端、ネット上では「くつろいでいる場合じゃない」などの批判が殺到。まさに「炎上」状態に陥った。

動画の意図は「今は自宅でゆっくりしていてください」というものであり、そのメッセージ自体が間違っているわけではない。また、SNSを通じた柔らかめのメッセージについても、海外には台湾の蔡英文総統などのように成功している例もある。

にもかかわらず安倍首相の動画がこれだけ批判されたのは、くつろぐ以前に「国民のために真剣に汗を流している」さまが、記者会見や実際の施策から伝わってこなかったからだろう。

国民が苦しんでいる理由は「外出できずに遊びや飲み会に行けない」ことではない。感染に対する怯《おび》えだけでなく、店の営業ができなかったり、非正規雇用の人々が仕事を失ったりするなど、まさに「生命と暮らしを脅かされている」ことである。首相にはこうした危機から、国民を全力で守る義務がある。それが伝わってこないのだ。

当時の報道には自民党中堅議員の「今ここで首相がゆったりとくつろいでいる姿をみた

い人がいるだろうか」という声も報じられた。「仲間内」の自民党の中からも、こんな不満が出るようになっていた。

「国民とのコミュニケーション能力」は、コロナ禍や原発事故のような緊急事態において政治が国民の私権を制限し、行動に強い制約を課さなければならない時、政治を信頼して積極的に協力をしてもらうために死活的に重要な能力である。そのことへの認識が、安倍首相にどこまであったのか疑わしい。

7年以上にわたり「1強」状態の中にあり、官僚を含め多くの「忖度」政治を生んだ安倍政権にとって、いつしか国民とは「さほど真剣に耳を貸さなくても、政権運営を脅かすことのない存在」になってしまっており、こうした認識がコロナ禍によって、結果として政権の首を絞めることになってしまった気がしてならない。

第4章　国民をどう支えたか

PCR検査をめぐる混乱

コロナ禍のような緊急事態において、政治が国民の私権を制限するなど「無理を強制」せざるを得なくなった時、政治にとって大切なことは、国民がその強制を安心して受けられるような十分な配慮である。そのひとつは前章で述べたような「国民に十分に情報を公開し、真摯で思いやりのある言葉で分かりやすく伝える」こと。そしてもうひとつが「私権制限に伴って発生する『痛み』を可能な限り和らげる措置をとり、国民の命と暮らしを支える」ことだと思う。分かりやすく言えば「補償」である。

この章ではこの点における安倍晋三政権の姿勢について述べたい。ただその前に、もっと直接的に国民の命を救うための対策について、まず振り返っておきたいと思う。

感染拡大恐れ「抑制」？

日本国内で新型コロナウイルスの「人から人への感染」が初めて確認されたのは、2020年1月28日。武漢への渡航歴のない奈良県の60代のバス運転手の男性で、すでに国内で市中感染が始まっていることをうかがわせた。同じ28日、政府は新型コロナウイルス感染症を感染症法の「指定感染症」とするとともに、感染の有無を調べるＰＣＲ検査（遺伝子検査）について、公費負担の行政検査とすることを決めた。

第1章でも言及したように、安倍政権はこの時点ではまだ、市中感染への対策に本腰をいれてとり組んだわけではない。この2日後に開かれた政府の新型コロナウイルス感染症対策本部の初会合で、加藤勝信厚労相は「現時点では広く流行が認められている状況ではない」という厚労省の見解をそのまま報告している。

そうは言っても、厚労省は少しずつ、市中感染への「備え」を始めていた。同省は2月1日、各都道府県に対し、2月上旬をめどに、①感染の疑いのある人を診療体制の整った医療機関に確実につなぐため、二次医療圏ごとに「帰国者・接触者外来」を設置する、②感染の疑いのある患者を、電話相談を通じて「帰国者・接触者外来」へ受診させるよう調整する「帰国者・接触者相談センター」を各保健所等に設置する――ことを指示した。

この指示で厚労省は、感染を疑う人は医療機関を受診する前にまず、電話で帰国者・接触者相談センターへ問い合わせるよう、地域住民に周知徹底することを求めた。帰国者・接触者相談センターについては「全ての相談を受けるのではなく、（コロナ感染の）疑い例を対象としたものであることに留意すること」といった表現もあった。
ここで言う「疑い例」とは、指示によると以下の2点を満たすものだった。

① 発熱（37・5度以上）かつ呼吸器症状を有している
② 発症から2週間以内に「武漢市を含む湖北省への渡航歴がある」「武漢市を含む湖北省への渡航歴があり、発熱かつ呼吸器症状を有する人との接触歴がある」のいずれかを満たす

つまり、武漢市を含む湖北省に行ったことがあるか、武漢市を含む湖北省に行った人と接触した人しか、コロナ感染の「疑い例」とは認められなかったことになる。**厚労省の指示には、感染を疑う人が医療機関を受診することをできれば抑制したい、という狙いが透けてみえた。**

そもそも「帰国者」を先にしたネーミング自体、安倍政権がこの時点で、市中感染対策より水際対策に傾注していたことの証左だろう。実際、厚労省の指示からさらに2日後の2月3日、のちに集団感染が認められたクルーズ船ダイヤモンド・プリンセス号が横浜港

に入港し、安倍政権はその対応に追われていた。

しかし、厚労省や専門家はこの頃から、ＰＣＲ検査の検査能力を超えるほど感染が拡大することを懸念し始めていた。専門家の間では「このまま感染拡大が進めば能力を超える検査依頼が集中する」との声が出始めていた。

2月16日、政府のコロナ対策を検討する専門家会議の初会合が開かれた。座長を務める脇田隆字《たかじ》・国立感染症研究所所長は「ＰＣＲ検査の能力はかなり国内でも充実してきている。一方で、軽症の患者が検査に殺到するのを避ける必要があると考えている」と述べた。

「37・5度以上の発熱4日以上」の「目安」

専門家会議の初会合翌日の2月17日、厚労省は感染を疑う人が帰国者・接触者相談センターにアクセスする際の「相談・受診の目安」を公表した。検査体制が不十分な中、軽症者や無症状の人が相談に殺到するのを避け、重症者の治療に影響が出ないようにする目的があったのは明らかだった。

「風邪の症状や37・5度以上の発熱が4日以上続く」「強いだるさや息苦しさがある」――。

厚労省は「目安」としていたが、全国の現場の保健所はこれを、事実上の「条件」と受け止めた。

1週間後の2月24日、政府の専門家会議が「新型コロナウイルス感染症対策の基本方針の具体化に向けた見解」を公表する。「1～2週間が（感染拡大か収束かの）瀬戸際」という言葉が注目されたが、この見解にもこんな表現があった。

「PCR検査は、現状では、新型コロナウイルスを検出できる唯一の検査法であり、必要とされる場合に適切に実施する必要があります。

国内で感染が進行している現在、感染症を予防する政策の観点からは、全ての人にPCR検査をすることは、このウイルスの対策として有効ではありません。また、既に産官学が懸命に努力していますが、設備や人員の制約のため、全ての人にPCR検査をすることはできません。急激な感染拡大に備え、限られたPCR検査の資源を、重症化のおそれがある方の検査のために集中させる必要があると考えます」

現実にPCR検査の検査能力が極めて低かった中で、専門家会議がこの時点でこうした発言をせざるを得なかったのは、当時としてはやむを得ないのかもしれない。また、感染を疑う多くの人が医療機関に殺到し、クラスターが発生するおそれを懸念したことも、全く理解しないわけではない。

しかし、要するにこれは「**必要な人に検査を受けさせるために検査能力の拡充を目指す」ことより「貧弱な検査能力に、検査を受ける人数の方を合わせる」ことを優先する方針**であったことは、やはり否めない。

やがて、「感染を疑う人から『ＰＣＲ検査をしてもらいたいのに応じてくれない』という苦情があがってきている」との情報が現場の医師から聞こえてきた。そこで厚労省は2月27日、「医師が総合的に判断した結果、感染を疑う場合」も検査の対象としたが、その後も「37・5度以上の発熱4日以上」の「目安」は、保健所の現場に強く意識づけられていた。日本医師会は3月4日「医師がＰＣＲ検査を必要と判断したにもかかわらず検査に結びつかなかった」などの事例が、7道県で30件あったことを公表した。

「相談・受診の目安」については、厚労省が3カ月後の5月に「37・5度以上の発熱が4日以上」などとしていた部分を改め、高熱などの強い症状があればすぐに相談・受診するよう勧めることにしたが、この時に加藤厚労相が「誤解」と発言したことが国民の大きな批判を浴びたことは、第3章にみた通りである。

「検査能力増やす」と豪語もトーンダウン

このPCR検査をめぐる安倍首相の発言をみてみたい。

第3章でもみたように、安倍首相は2月29日、コロナ禍に関して初めて記者会見した。会見のメーンテーマは、この直前に政治決断した大規模イベントの自粛や全国の小中高校等の一斉休校要請だったが、PCR検査の不備についても触れている。首相はPCR検査について「現時点で、全国で1日あたり4000件を超える検査能力があります」と述べ、さらなる検査能力の拡大に努める決意を述べた上で、こう続けた。

「PCR検査については、検査がしたくても保健所で断られ、やってもらえないというご指摘をたくさんいただいております。保健所は都道府県や政令市の組織ですが、政府として、医師の判断において感染を疑う場合には検査を行うよう、これまでも繰り返し依頼を行ってきたところです。また、**その地域の検査能力に限界があるために断られるといったことが断じてないように、広域融通によって必要な検査が各地域で確実に実施できるよう、国において仲介を行います**」

さらに「来週中（会見から計算すれば遅くとも3月7日）に、PCR検査に医療保険を適用する」ことなどを強調。「こうした取り組みを総動員することで、**かかりつけ医など身近にいるお医者さんが必要と考える場合には、すべての患者の皆さんがPCR検査を受けることができる十分な検査能力を確保いたします**（傍点筆者）」と訴えた。

安倍首相が述べた「1日あたり4000件」は検査の「実績」ではなく「能力」であり、間違いでないにしてもやや「盛った」表現だったとみるべきだろう（ちなみに、会見当日2月29日のPCR検査実施件数は1067件だった）。それはともかく「すべての患者の皆さんがPCR検査を受けることができる十分な検査能力を確保」という言葉は、強いメッセージとして国民に伝わった。

この勇ましい発言の中身は、わずか2日後には怪しくなってくる。3月2日の参院予算委員会。立憲民主党の福山哲郎幹事長が、この問題をとり上げた。

「総理は『医師の判断において、感染を疑う場合には検査を行うよう、断られるといったことが断じてないように』と言われたんですよ。これ、総理、このことは確認していいんですね」

安倍首相は記者会見の内容をなぞって答弁しつつ、最後にこう述べた。

「医師、かかりつけ医はじめ医師の方がこれはPCR検査を受けるべきだと、このように判断された場合には、**ＰＣＲ検査を受けれるようにしていくために、これは全力を傾けていきたい**と、このように考えております（傍点筆者）」

「すべての患者の皆さんがＰＣＲ検査を受けることができる十分な検査能力を確保いたします」と言い切った首相の発言は、早くも「全力を傾ける」と、決意表明のように格下げされていた。福山氏も思わず「何かトーンダウンしましたね」と突っ込んだ。

続けて福山氏は、ＰＣＲ検査を増やす必要性を安倍首相に説いた。以降、福山氏と安倍首相のやり取りである。

福山「韓国は1万2000件、1日、検査できます。延べの累計は9万超えました。（中略）検査を増やせば感染者はそれだけ増えるというふうに、総理は認識されていますか」

安倍「必ず増えるかどうかということについて、私は断定的なことは申し上げることはできませんし、専門家の皆様のお話を聞く必要があるんだろうと、こう思っているところでございますが、いずれにいたしましても（中略）医者が必要と認める場合にはしっかりとＰＣＲ検査ができる体制を整えていきたい」

福山「検査の数が増えなくて、感染している方が見付からないまんま、検査できないまんまあちこち移動されたら、実は延々と続くんです、感染が広がるんです。だから、検査を多くして、見付かったらそこを、クラスターを潰していくと。（中略）そのために検査を増やすんです」
安倍「ＰＣＲの検査の能力を上げていくというのは、まさに私たちにとって重要なことであると、これはもう最初から認識をしていたところでございます。（中略）現在は１日４０００件が可能となるところまで来たところで、４０００件が可能となるところまで来た、能力としてはあるわけでございますが、今、福山委員が言われたような（実施件数が）１０００件というのは、言わばアクセスがそういう意味においては縛られているという考え方も成り立つかもしれませんが、今後、お医者様が必要と、必要であるという、必要であるというふうに……」

翌日の3月3日には共産党の小池晃《あきら》書記局長が、ＰＣＲ検査の実施対象について加藤厚労相から「当面、全国の帰国者・接触者外来だけで対応する」との趣旨の答弁を得る。全国に約11万あるという医療機関の中で、帰国者・接触者外来はわずか８４３施設（2月29日時点）である。「すべての患者の皆さんがＰＣＲ検査を受けることができる十分な検査能力を確保」は、さらに後退した。
以降、小池氏と安倍首相のやり取り要旨だ。

小池「（総理は）『かかりつけ医が必要と考える場合にはすべての患者がPCR検査できる』とおっしゃったわけですよ。こういうのは独り歩きするんです。恐らく多くの国民は、保険適用されればどこでも検査受けられるんだろうなというふうに思われたと思いますよ。実は違うわけじゃないですか」
安倍「私は、今すぐそれができるというふうには申し上げていないわけでございまして」
小池「現時点では、本当にごく一部の、そういう医療機関（帰国者・接触者外来）だけでやりますということをはっきり言ってください」
安倍「私の会見等を見ていただければそういう誤解は生じないものと思うわけでございますが、現時点においては、まさに今厚労大臣から答弁をさせていただいたとおりでございますが、その次のフェーズにおいてはそれを目指していくということを申し上げているところでございます」

ふたりの質疑はしばらく、何度も同じやり取りが繰り返されていった。

安倍「これは、これは、会見、会見において、（政府対策）本部においての私の発言でございますが、これ本部においてこれ言っているんですから、その本部での発言が誤解を招くと小池委員は言っておられますから、それを今、手元にある、これ私の発言、発言をそのまま読まさせていただいております」

「来週中にPCR検査に医療保険を適用いたします、これにより、保健所を経由することなく民間の検査機関に直接検査依頼を行うことが可能となります、民間検査の検査能力も大幅に増強されますと、こういうふうに申し上げており、その次に先ほど申し上げたことを言っているわけでございますから、今すぐにできるということを私は全く申し上げていないということは明確ではないかと、このように思います」

小池「いや、これを読めば、保険適用により、保健所を経由することなく直接検査依頼を行うことが可能となりますと言っているわけですね。だから、これを普通の人が聞いたら、ああ、保険適用されれば、これは検査出せるようになるんだなと思うじゃないですか」

安倍「言わば小池さんが言っておられることは、全然、誤読されておられるんだろうと、

このように思います」

のちに加藤厚労相の発言で問題となる「受け取った側の誤解」は、すでにこの時点で安倍首相の答弁に表れていた。小池氏は憮然《ぶぜん》とした。

小池「何か、読み方が悪いんだと、誤解をする方が悪いんだみたいな、そういう開き直りですよね」

「僕は、今、コミュニケーション、本当に大事だと思うんですよ。リスクコミュニケーションですよね。やっぱりこれだけ国民が不安を抱えているんだから誤解の余地のない丁寧な説明に心掛けるべきだと思う」

「厚労省が動かない」?

安倍首相はこの後、3月14日の記者会見でPCR検査について「1日あたり6000件を超える確かな検査を行うことが可能となっています」と、PCR検査能力の拡大を強調し続けた。だが、検査能力が増えても、実施件数は増えていかない。

3月16日にはＷＨＯのテドロス事務局長が記者会見し、「すべての国がとにかく検査に次ぐ検査を行うということに尽きる」「目隠しをしたまま（コロナ禍と）闘うことはできない」と訴えた。**検査拡大が「世界標準」となっていく中で、日本のＰＣＲ検査の実施件数の少なさは、やがて、感染者数が日本を上回る海外の国々からも「感染隠し」の疑念を向けられるようになった。**

3月28日の安倍首相記者会見。ビデオニュース・ドットコムの神保《じんぼう》哲生《てつお》さんが、この問題について質問した。

「本当に日本はもって（感染爆発を持ちこたえて）いるのかと。つまり『水面下で実際は感染が広がっているのではないか』というような疑いの声がいろんなところで聞かれます。（中略）日本は検査数が少ないものですから、その疑いがなかなか晴れない」

安倍首相はこう答えた。

「確かにＰＣＲ検査の数は少ない中において、**私もほぼ毎日のように、厚労省に対して、医師が必要とする、判断すれば必ずＰＣＲ検査ができるようにしてくださいねということは重々、申し上げております。**日によっても非常に少ない日がありますから、なるべくしっかりとＰＣＲ検査はやってくださいと言っています。

では、果たして日本はそれを隠しているのかという議論があります。これは、私は違うと思います。例えば死者の数は、PCR検査の数が少ないけれども、死者の数が多いということではありません」

「検査が少なくても感染爆発が起きているわけではない」という趣旨での発言だったが、筆者はむしろ前段の「ほぼ毎日のように厚労省に対して……」の方が気になった。**検査の実施件数が増えないのは、自らのせいではなく、厚労省にあるかのような言いぶりだ。**

一方の厚労省側は、加藤厚労相が4月1日の参院決算委員会で「PCRについては、能力があるからそれを使うというのではなくて、むしろPCRの検査が必要な人にしっかりと検査が行われる、これが基本だと思います」と述べた。**能力をフルに使ってPCR検査を実施する必要はないとの認識を示していた**わけだ。

安倍首相と厚労省の温度差は、このようにオンレコの発言でもみて取れた。**はじめから首相が検査拡大に熱心で、厚労省がそれに否定的だったのなら、首相は霞が関をしっかりと使いこなすことができていなかったことになる。逆に、もともと首相自身も感染者数の増大を可視化する検査拡大に消極的で、国民の批判を受けて方針を転換したが、厚労省がそれについていかなかった、とみることもできる。**

安倍首相は4月6日の新型コロナウイルス感染症対策本部会合で、PCR検査体制（実施件数ではなく検査能力を指すとみられる）を「1日2万件」に増やす考えを示した。あれほど出し渋っていたはずの緊急事態宣言を発令する前日のことだった。しかし、それでも検査件数は伸びていかない。

大型連休を前にした4月28日の衆院予算委員会。「医師がPCR検査をする必要があると判断した方、患者の方についてはPCR検査が受けられるようにしていかなければならない、このように考えております」と語る安倍首相に、質問者の枝野幸男・立憲民主党代表はこう嘆息した。

「連日おっしゃっている。あえて言えば、2カ月前からおっしゃっていることの繰り返しなんですよ」

5月4日、緊急事態宣言をさらに延長するという記者会見で、首相はPCR検査の件数が伸びないことを問われ、こう語るしかなかった。

「（検査能力を）8000、1万、1万5000と上げても、実際に行われているのは、7000、8000レベルでありまして、どこに『目詰まり』があるのかということは……。私も何度もそういう状況について、どこに目詰まりがあるのかということは申し上げてきているわけでありますが（後略）」

安倍首相の言う「目詰まり」として想定できるのは、保健所の体制の脆弱化だ。行政改革、効率化を求める政治的潮流の中で、1989（平成元）年度に全国に848あった保健所は、2020（令和2）年度には469と、ほぼ半減（全国保健所長会調べ）していた。検査の際に検体を採取する医師らの人員不足も挙げられるだろう。

つまり、この「目詰まり」については、単に「安倍政権のコロナ禍対応」という、個別の政策のみに理由を見いだすべきではないと思われる。平成の時代を通じて進められてきた「行政の効率化」の流れが、コロナ禍という緊急時に行政の機能不全を招いたということであり、特定の政権以前に、ここ30年の政治の流れそのものがはらんでいた問題を浮き彫りにした、とみる方が自然ではないだろうか。

ともかく、安倍首相の言う「1日2万件」の検査能力が実現したのは、首相が対策本部の会合でぶち上げてから1カ月以上も経った5月15日。そして、この時点での実際の検査実施件数は、約半数の1万件程度だった。

「PCR検査の拡大」は、つまりアベノミクス同様に「永遠の道半ば」であった。

「アベノマスク」問題への視点

「増産」しても出回らず

ＰＣＲ検査と並んで、この頃国民を深く嘆かせた安倍政権のコロナ対策と言えば、やはり「アベノマスク」を外すことはできないだろう。少し前段から振り返りたい。

新型コロナウイルス感染症が中国で発生して間もない２０２０年初頭は、日本政府や地方自治体、民間企業などが中国側にマスクを支援していた。しかし、この状況はすぐ暗転する。もともと日本のマスクは、供給量の約７割を中国からの輸入に頼っていた。やがて日本国内で感染者が急増するにつれて、国内の需要に生産が追いつかなくなった。政府は1月28日、業界団体を通して各メーカーにマスクの増産を要請するなど、対応に追われた。

安倍首相は2月29日の記者会見で、マスク不足について「増産支援を行っており、３月は1月の生産量の2倍を超える月6億枚以上、供給を確保します。例年の需要を十分に上回る供給を確保できますので、国民の皆様には、どうか冷静な購買活動をお願いをしたいと思います」と理解を求めた。

しかし「例年の需要を十分に上回る供給」量は、3月に入ってもほとんど市中に出回らなかった。政府は9日、厚生労働、経済産業、総務の各省の担当者約40人からなる「マスクチーム」を創設し、地方自治体などへの備蓄放出の働きかけを強化。**15日からは国民生活安定緊急措置法施行令の一部を改正し、マスクの転売を禁止した。**

確かに生産は増強されたが、店頭での品不足はいっこうに解消されない。菅《すが》義偉官房長官は3月27日の記者会見で、4月のマスク供給量が「月6億枚」から1億枚程度上積みできるとの見通しを示した上で、店頭での品薄解消には、「高齢者施設や介護施設など」に優先的に配布していることを理由に「一定程度の時間を要する」と述べた。2月の首相会見の内容から、大幅にトーンダウンした印象は否めなかった。

1世帯に「布マスク2枚」

そんな状況の中で4月1日、政府の新型コロナウイルス感染症対策本部が開かれた。すでに第25回を数えていた。ここで安倍首相がこう発言する。

「マスクについては、政府として生産設備への投資を支援するなど取り組みを進めてきた結果、電機メーカーのシャープがマスク生産を開始するなど、先月は通常の需要を上回る

「アベノマスク」を着けて答弁する安倍首相。政府のコロナ対策に対して徐々に失笑、呆れ、あきらめの空気が広がっていった（写真提供　朝日新聞社／ユニフォトプレス）

月6億枚を超える供給を行ったところです。さらなる増産を支援し、月7億枚を超える供給を確保する見込みです。

他方、新型コロナウイルス感染症に伴う急激な需要の増加によって、依然として店頭では品薄の状態が続いており、国民の皆様には大変ご不便をおかけしております。

全国の医療機関に対しては、先月中に1500万枚のサージカルマスクを配布いたしました。さらに、来週には追加で1500万枚を配布する予定です。加えて、高齢者施設、障害者施設、全国の小学校・中学校向けには布マスクを確保し、順次必要な枚数を配布してまいります」

首相がこの日着けていたのも、この布マスクだった。首相の顔と比して、どうみても小さい。昭和の子供が風邪をひいた時に着けるような、微妙な幼稚さを感じさせた。

「本日は私も着けておりますが、この布マスクは使い捨てではなく、洗剤を使って洗うことで再利用可能であることから、急激に拡大しているマスク需要に対応する上で極めて有効であると考えております。

そして来月にかけて、さらに1億枚を確保するめどが立ったことから、来週決定する緊急経済対策に、この布マスクの買い上げを盛り込むこととし、全国で5000万あまりの世帯全てを対象に、日本郵政の全住所配布のシステムを活用し、一住所あたり2枚ずつ配布することといたします」

国民が生命と暮らしの危機にさらされているこの状況で、首相が大見得を切って発表した支援策が、わずか「マスク2枚」。一人暮らしにも5人家族にも、一律2枚である。多くの国民が怒りを通り越して脱力した。この日が4月1日だったことから「エイプリル・フールの冗談か？」という声も上がった。

首相発言はまたたく間に、首相のいかにも似合わないマスク姿と合わせ、ネット上で大騒ぎになった。目を引いたのが人気アニメ「サザエさん」のキャラクターを使ったパロディー画像。「サザエさん」の7人家族に猫のタマを加えた「7人と1匹」が、「4人」「3人＋1匹」の二手に分かれて縦一列に並び、2枚のマスクを強引に着けていた。

安倍首相肝いりの経済政策「アベノミクス」をもじった「アベノマスク」という造語も、その日のうちに国民に広く知れ渡った。自民党内からも「ポピュリズムの権化のようだ」と嘆く声が聞かれた。

評判の悪さを自覚したのだろうか。それから1週間後の4月7日の記者会見。緊急事態宣言の発令を告げる首相の冒頭発言に「アベノマスク」への言及はなかった。

批判にいらだつ首相

記者会見から1カ月近くが経った4月28日の衆院予算委員会。立憲民主党の大串博志氏が、アベノマスク問題について質問した。当時の安倍首相の精神状態がよく出ているので、少し長めに引用したい。

「マスコミ報道によると、総理官邸の、経産省官邸官僚から『マスクを配れば国民の皆さんの不安はぱっと解消しますよ』と言われて、そうだということで決断をされたというようなことも書かれていらっしゃいました。どうやってこれは決断されたんですか」

質問を受け安倍首相がまず言及したのは、大串氏がこの直前、質問で着けていたアベノマスクを「ちょっと空気を吸うことがなかなか難しい」と交換したことだった。

「私は（マスクを）ずっとしているんですが、全然息苦しくはございません。意図的にそうやって貶《おとし》めるような発言はやめていただきたいと、本当に思います」

議場がヤジで騒然となる中、首相は「布マスクは、咳《せき》などによる飛沫《ひまつ》の飛散……」と続けようとする。質問席で大串氏が「経緯だけですから、いいです」と言うが、首相はそれを無視して進む。

「いや、これは大切なところですから。飛沫の飛散を防ぐ効果など、感染拡大防止に……。これも経緯の一つでありますから聞いていただきたいと思いますが、感染拡大防止に一定の効果があると考えておりまして、米国のCDC（疾病対策センター）も使用を推奨する旨の発表を行ったほか、シンガポール、フランスのパリ、タイ・バンコクなどで、市民に配付する動きが広がっていると承知をしております。また、洗濯することで繰り返し利用できるため、皆様に洗濯のご負担をおかけするが、急増しているマスク需要の抑制の観点からも有効と……」

「決断の経緯」と無関係な話が長々と続き、さらにヤジが飛ぶ。

「また、急増しているマスク需要の抑制の観点からも有効とも考えているわけでございまして、先日、マスク増産に取り組んでおられるユニ・チャームの高原（豪久）社長からも、今般配付される布マスクとの併用が進むことで、全体として現在のマスク需要の拡大状況をしのげるのではないかとの話もあったところでございまして、こうした経緯から、今お話をさせていただいた中において……」

これでは大串氏はたまらない。「決めた経緯を聞いているんだから」と叫ぶ。首相もさらにムキになる。

「すみません、ちょっと私が答弁している最中でございますから……。これは、今、経緯ということをおっしゃっているわけですから、どうしてそういう判断をしたかということであれば、どういう需給の状況だったかということについて、あるいはその有効性について説明するのは、これは当然のことではないでしょうか。その当然のことをご説明している中において、質問者の方が立たれてその答弁を遮られては、これはやり取りにはならないのではないか、ということは申し上げておきたいと思います。今申し上げましたように、そういう需給状況があるという中において、有効であろうと考えたわけでございます」

ようやく答弁が終わった。大串氏は語気を強めた。

「時間稼ぎはやめてください。私は、4月1日の（政府対策本部の）時に、なぜこの1億枚のマスクを配ろうと思ったか、その時の判断の経緯を聞いたんです。それを、延々、全然関係のないことを言われる。（中略）これは、総理、今、普通の時じゃないんです、国難の時なんですよ。国民……」

今度は安倍首相がぶち切れた。自席からヤジを飛ばす。

「だからちゃんと答えたんだよ！」

「何をヤジっているんですか、私に」と大串氏。首相はさらに「ちゃんと聞いてくださいよ」とヤジで応戦し、大串氏も「私もきちんとしゃべっていますよ」と言い返す。

質疑どころではなかった。

安倍首相は昔からヤジが多かった。この年の2月にも、立憲民主党の辻元清美氏に「意味のない質問だよ」とヤジを飛ばして物議をかもしたばかりだ。本来、国民の代表たる国会に責任を負う内閣のトップが、質問する国会議員にヤジを飛ばすのは、民主主義の原則から言って問題だが、それ以前に、国民の歓心を買えると踏んで実施した布マスク配布が、批判と嘲笑の嵐にさらされたことへのいらだちが、首相の答弁ににじんでいた。

「郵送」なのに「配れない」

「1世帯に布マスク2枚」という内容もさることながら、アベノマスクはもうひとつ、この政権の深刻な状況をあぶり出した。マスク2枚を予定通りに配ることができない、行政の実務能力の欠如である。

安倍首相は4月1日の対策本部で、布マスクについて「1億枚を確保するめどが立った」と豪語した。迅速に配布を行うために、安倍政権は日本郵便の「タウンプラス」というシステムを活用することを決めた。企業のダイレクトメールなどに使われる仕組みで、送り先の住所や名前がなくても、指定した地域のすべての郵便受けなどにポスティングする――というものだ。

ところが、そのマスクがなかなか届かない。4月24日、菅《すが》官房長官は記者会見で、5月末までには終わる見通しだったマスクの配布完了が予定より遅れることを認めざるを得なかった。なぜそんなことになったのか。

実は政府は、短い期間で大量のマスクを用意するため、マスクを発注した業者との間に「納入現品に隠れた瑕疵《かし》を発見した場合であっても、責任を追及しない」という契約書を交わしていた。スピードを優先するために、検品を省略してもよい、と解釈できる内容だ。

こうした契約が影響したのかは定かではないが、政府が先行して妊婦向けに配布したマスクから髪の毛などの異物が発見されたり、黄ばみが指摘されたりした。業者が未配布分のマスクを回収し、検品することになったため、配布が遅れることになったのだ。

前述した大串氏の衆院予算委員会での質問では、この「配布遅れ問題」もとり上げられていた。

「きのう（4月27日）の段階で、増田寛也日本郵政社長の話では、まだ4％しか配っていないということでありました。いつまでに、これは配付が行えるんでしょうか」

この後の首相答弁もなかなか本題に入らず長々と続くのだが、さすがにこれ以上の引用も気が引けるので、結論を急ごう。

「残念ながら、黄ばみがあるものが出たということでございまして、検品を今しっかりとさせているところでございます。どこから出荷したかということも含めて、それをもう一度、検品等の見直しを行っているわけでございまして、そういうものを行った上において、できるだけ早くお手元にお届けをしたい、こう考えているところでございまして、今、検品等をしっかりとやっている最中でございまして、今直ちに、いつまでにお配りができるということについては、これを今ここでお答えするには至っていないところでございますが、できるだけ早く点検を強化をし、そしてお届けをしたい、このように考えているところでございます」

結論を急いだ割には長い引用になってしまったが、要は「現在検品中だが、いつまでに配布を終了できるかは分からない」ということだ。

結局、アベノマスクの全戸配布が完了したのは、通常国会が閉会した後の6月20日だった。そしてこの頃には、品薄だったマスクの供給は完全に復活。スーパーや薬局で普通に手に入るようになっていた。『朝日新聞』が6月20、21日に行った世論調査では、アベノマスクが「役に立たなかった」との回答は81％にのぼった。もはやアベノマスクは無用の長物と化し、全国各地で不要なマスクの寄付を呼びかける動きまで起きた。

ちなみに、このマスク配布に投じられた予算は、２０２０年度補正予算案に計上された経費２３３億円と、20年度当初予算の予備費２３３億円を合わせて４６６億円だった。

生活を支える責任感のなさ

職業の違いで支援に差

ＰＣＲ検査やマスク、このほか医療体制の整備など、安倍政権は国民の「生命を守る」対策でさまざまな後れをとったが、もうひとつの問題が、コロナ禍で国民の社会・経済活動が大きな打撃を受けたことに対する支援の脆弱さだ。

第2章で指摘したように、安倍政権は新型コロナウイルスの感染拡大防止に向けて、国民の私権をさまざまに制限した。大規模イベントの自粛要請は、多くのイベント業者から仕事を奪った。学校の一斉休校要請は、例えば給食がなくなったことで食材納入業者などに多大な影響を与えた。子供が家にいることで働きに出られなくなり、収入減に追い込まれる保護者もいた。外出自粛要請で人々が家庭にこもり、ＤＶや虐待につながった例もある。

感染症の拡大防止という大義名分があったとしても、政治決断によって国民にこうした痛みを強いた以上、政治はその痛みに対する一定の補償、あるいは支援策を講じることが不可欠だ。もちろん安倍政権も、それなりの支援策を講じた。事業規模は世界的にみても遜色のないものと言えた。

だが、その支援が必要な時に、必要なところに届かないのだ。

安倍政権が国民の暮らしに対する支援を本格化させたのは、3月10日に公表された緊急対応策の第2弾（総額4308億円）と言っていいだろう。半月前の2月末に安倍首相が突如打ち出した大規模イベントの自粛や全国一斉休校の要請を行い、結果として国民に前述のような「痛み」を強いることになったことを受けてのものだった。

安倍首相は3月14日の記者会見で、こう呼びかけた。

「制度が使いにくいなど、何か運用に不手際がありましたら、全国に1000カ所を超える相談窓口を設けておりますので、ぜひその声をお寄せください」

ところが、この支援策が波紋を生む。

緊急対応策には、一斉休校で子供が自宅にいるために、保護者が仕事を休まざるを得なくなった場合、こうした保護者が働く企業が、有給休暇と同額の賃金をこの保護者に支払うと、1日8330円を上限に助成する制度の創設が盛り込まれていた。ところが、業務

委託を受けて働くフリーランスの人への支援は、1日4100円の定額となっていた。フリーランスへの支援は会社員の約半額、ということになる。社会保険料なども自分で支払わなければならないフリーランスが、なぜ会社員の半額以下なのか――。当然ながらこういう声がわき起こった。

この問題は3月11日の参院本会議でとり上げられた。共産党の伊藤岳《がく》氏の質問である。

「フリーランスの皆さんが、仕事の減少は収入減に直結するという悲痛な叫びを上げる中、当初『対応は難しい』と言っていた政府も、日額4100円の休業補償を緊急対応策に盛り込みました。しかし、これは日額最大8330円という、それ自体不十分な会社員などへの補償の、さらに半分程度の水準です。あまりにも不十分です」

伊藤氏の論点は、単なる「半額問題」だけではなかった。

「この日額4100円の補償は、(政府の)休校要請に応えた場合に限られています。しかし、日本俳優連合、日本音楽家ユニオンなどは声明で『政府の要請に沿ってイベント中止によるキャンセルを受け入れてきたが、生きる危機に瀕する事態だ』と訴えています。フリーランス、自営業者、演劇、音楽関係者の生活が支えられる給付制度にするべきではありませんか」

一斉休校の要請に応じた人だけでなく、大規模イベント自粛の要請に応じた人にも補償すべきだ、と指摘したのだ。**特にエンターテインメント業界で働くフリーランスの人たちは、①イベント自粛で仕事がない、②仕事があっても一斉休校で子供が家にいて働きに出られない、その上、③イベント自粛要請に伴う経済的打撃に対する給付措置はないという三重苦状態に陥った人もいた。こういう人たちへの当時の支援策は「貸し付け」だけだった。**伊藤氏はここに着目したのだ。

これに対して、安倍首相はこう答弁した。

「フリーランス等の方々はさまざまな形態があると承知していますが、雇用者とのバランスを踏まえ、業務委託契約等を締結している方については、第2弾の緊急対策により、この助成制度の対象とすることとしております。その際の補償額の水準については、これらの方々の働き方や報酬が多種多様である中で、迅速に支援を行う必要があることや、非正規雇用の方への給付とのバランスも考慮し、一日4100円を定額で支給することとしています」

フリーランスの「働き方や報酬が多種多様」であることは分かるが、「なぜ半額か」の根拠は全く分からない。分かるのは「迅速な支給を行いたい」くらいだった。

実はこの問題は、安倍政権で初めて起きるような話ではない。現行の労働法制はもともと、事業主と雇用関係を結んだ労働者が前提になっているため、自営業者やフリーランスは経済状況が悪化した際に、支援の網から漏れてしまうことが多い。

安倍政権はコロナ禍が起きるまで「働き方改革」を掲げ「雇用関係によらない働き方」を、むしろ奨励してきた。つまりは自営業者やフリーランスで働く人を増やし、雇用を流動化させようという政策を掲げてきたのだ。

であれば本来は、経済状況が安定している平時の間に、自営業者やフリーランスの働き方にもセーフティーネットをしっかりと張り、安心してこうした仕事を続けられるようにするための労働法制の見直しも、同時に進めるべきだった。裏を返せば、こういう法整備にしっかりととり組むことなく、安直に「働き方改革」で雇用を流動化させることを先行させてはいけなかった。

もっとも、今はそれを言っている場合ではない。現在のコロナ禍で、フリーランスにどういう支援をするのか。

安倍首相は「強力な資金繰り支援をはじめ、対策を考えたい」との考えを強調した。しかし、そこで念頭に置かれていたのは、5000億円の緊急貸し付け・保証枠の活用。支

給ではなくあくまで「貸し付け」であり、いずれは返済が求められる。「資金繰り支援だけでは持たない」という声は、当事者や野党のみならず与党側からも上がった。

前代未聞の「予算組み替え」

ところで、安倍政権はそんなに「国民への『迅速な』支給」に熱心だっただろうか。誰もがすぐに思い浮かぶのが「10万円の特別定額給付金」がなかなか届かなかった問題だろう。

特別定額給付金をめぐっては、制度創設に関する安倍政権の対応も大きく揺れた。「給付の遅れ」の話に入る前に、簡単に振り返っておきたい。

「全国民に対するひとり一律10万円以上の現金給付」は、もともと安倍政権ではなく、野党側からの提案だ。立憲民主党や国民民主党などでつくる野党統一会派が、4月2日の政府・与野党連絡協議会で政府側に申し入れた緊急対策に盛り込まれていた。緊急対策には、政府のイベント自粛要請に伴う中小事業者の減収補塡も含まれていた。野党側はこれらの対策を、政府が編成に着手していた2020年度補正予算案に盛り込むよう求めた。

3月27日に成立した2020年度当初予算は、コロナ禍が表面化する前年の2019年暮れに編成されたもの。当然、コロナ対策は含まれていない。安倍政権は、当初予算案を組み替えずに原案通り成立させた上で、直後に補正予算を編成し、コロナ対策を盛り込もうとしていた。

この補正予算案の目玉が「収入が減少した世帯限定の30万円給付」。安倍政権は野党の「一律10万円」案を採用せず、4月7日に補正予算案を閣議決定した。「（全国民一律ではなく）本当に厳しい人たちに給付が行くようにしたい」というのが、野党案不採用の理由だった。

「本当に厳しい人たちに（給付する）」。聞こえはいいが、こうした言葉はおおかた「給付の対象を絞り込みたい」時に使われる、安倍政権の常套《じょうとう》句《く》だ。そして、そんな政権のもくろみは、世論にあっさり見透かされる。「30万円給付」は「給付の対象者が少な過ぎる」「対象者の条件が分かりにくい」として、大きな反発を受けることになった。

やがて14日に自民党の二階俊博幹事長、15日に公明党の山口那津男代表らが次々と「一律10万円」に言及して政府を突き上げ始めた。公明党は連立離脱さえちらつかせたとされる。安倍政権は結局、閣議決定まですませていた予算案を「10万円給付」のために組み替えざるを得ない事態に追い込まれた。一度閣議決定した予算案の組み替えは、極めて異例だった。

一般的には「10万円給付は公明党の強硬姿勢によって実現した」が定説だ。だが、4月7日に当初の補正予算案を閣議決定した際には、公明党の閣僚もサインしたはずである。内心はどうあれ、公明党もいったん当初の補正予算案を認めたわけだ。「10万円給付」が実現したのは、政府案と野党案の比較で野党案が支持されたことに公明党が背中を押され、その公明党によって安倍首相が押し切られた、とみるのが正しい。

麻生財務相「給付辞退」の誘い

組み替えた補正予算案は、改めて4月20日に閣議決定された。最初の補正予算案の閣議決定が7日だから、約2週間の遅れだ。組み替えの結果、一般会計の補正総額も当初の16兆8057億円から、25兆6914億円に増えることになった。

たまらないのは財務省だ。麻生太郎財務相は4月17日の記者会見で「少なくともこれによって、ひとり世帯の家庭が30万円来るはずのものが、10万円になっちゃうところも出ますよ」と、組み替えに対するそこはかとない不満をにじませた。

この麻生会見で注目されたのが、「今回は手を挙げる方、挙げていただく方にひとり10

万円ということになるということで」という発言だ。給付は自己申告によって行う考えを示したのだ。麻生氏はさらに「富裕層の方々は、こういった非常事態というのは受け取られない方もいらっしゃるんじゃないですかね。私の友人に聞いた話では、これはちょっとこういうのをもらっちゃいかんのじゃないのかなという人は何人かいらっしゃいましたけれども」と述べ、高所得者層に対し、暗に給付を辞退することまで求めた。

「10万円」が届かない

補正予算は4月30日に成立した。しかし、成立が大幅に遅れたことによって国民はさらに追い詰められ、すでに「この規模ではとても間に合わない」という声が漏れ始めた。

それだけではない。政府は給付の事務を各市区町村に委ねたが、早くも「給付をきちんと必要な人に届けられるかどうか」が、強く懸念され始めた。

給付金は住民票の世帯主の金融機関の口座に、世帯全員分をまとめて振り込む方法がとられた。夫婦と子供ひとりの3人家族なら、世帯主（日本の場合、夫が多いのだろう）の口座に、3人分の30万円が振り込まれる形だ。だが、この方法では「定住していないネットカフェ難民やホームレスの人々、DV被害を受け自宅を離れている人などは確実に受け取れないのではないか」という疑念が生まれた。

また、10万円の給付を受けるには、あらかじめ市区町村に世帯主の口座を届け出て、給付の申請を行う必要がある。申告の方法には「オンライン申請」「郵送申請」のふたつが用意された。オンライン申請は、給付の迅速化に加え、申請のため住民が役所に殺到して「密」が生じ、感染が拡大するのを避ける目的があった。この「オンライン申請」が、混乱を増幅させた。

政府は「郵送より早く申請できる」として、オンラインの積極的な利用を呼びかけた。安倍政権はコロナ対策を理由にして、何かにつけて「オンライン」を叫び続けていた。補正予算が成立した翌日の5月1日、多くの自治体でオンライン申請の受け付けが始まった。ところが、これがいきなり混乱する。

オンライン申請をするためには、内閣府が運営するウェブサイト「マイナポータル」にアクセスして、マイナンバーカードをカードリーダーでパソコンに接続し、世帯主の氏名、住所、生年月日などを入力するなどの煩雑な作業が必要だ。この時、マイナンバーカードのICチップに搭載された「署名用電子証明書」の暗証番号の入力が必要になる。だが、それまでマイナンバーカードを使う局面があまりなかったためか、暗証番号を忘れている人も多く、役所の窓口で暗証番号を再設定してもらう必要が生じた。

また、申請のスタート時には、マイナンバーカードの普及率は約16%と低く、この機会に新規でカードを申し込もうとする人も役所に押しかけた。

東京都の品川区役所は大型連休明けの7日、手続きを求める人であふれ、最大8時間待ちの状態に。「密」を避けるはずのオンライン申請が、逆に「密」を生んでしまう結果となった。

市区町村からのアクセス殺到で国のシステムも断続的に不安定な状態となり、多くの自治体が「オンラインではなく郵送で申請してください」と呼びかける事態に。もはや何のためのオンラインなのか分からなかった。

郵送申請でも混乱が生じた。各世帯に送られてきた郵送の申請書の書式である。

申請書にはあらかじめ、同じ世帯の給付対象者全員の名前と生年月日が記されていたのだが、多くの自治体ではその右側に「給付金の受給を希望されない方は×印をご記入ください」という、小さなチェック欄があった。希望「されない」方、つまり麻生財務相が言うところの「給付を辞退したい方」のための項目である。

このチェック欄が「紛らわしい」と騒ぎになった。「受給を希望する方」のチェック欄だと逆の意味に勘違いし、誤って記入してしまう人が出始めたのだ。実際、子供も含む世帯全員にチェックが入るなど、明らかにミスと思われるケースが相次いだ。中には「希望する」「希望しない」のふたつのチェック欄を設けて選ばせるなど、自治体が独自の申請書をつくり直す動きも生まれた。

とにかく各自治体は、申請をめぐる膨大な作業に追われた。結果として、人口が多い自治体は大量の事務を処理できず、給付は大きく遅れることとなった。給付開始から約2カ月が経った6月末の『朝日新聞』の報道によれば、20の政令指定都市と東京23区のうち、大阪市の給付率はわずか3％。千葉市8％、名古屋市9％と、1割にも満たなかった。

複雑な申請手続き、長引く審査

特別定額給付金と同様の給付の遅れや混乱は、ほかにも多数あった。

例えば、コロナ禍で急激な減収に追い込まれた中小企業や個人事業主に最大200万円を給付する持続化給付金。これも特別定額給付金と同じ5月1日に申請の受け付けが始まったが、その直後から「給付の遅れ」が問題化した。

経産省は当初、申請から支給までの目安を「最短1週間、平均2週間」としていたが、

給付金の支給業務を委託された一般社団法人「サービスデザイン推進協議会」。電通ともども委託費用の「中抜き」疑惑が指摘され、批判はさらに高まる（写真提供　朝日新聞社／ユニフォトプレス）

実際は1カ月が過ぎても入金されない人が続出。管轄する経産省は「申請書類に不備がある例が多い」と説明したが、最も資金が必要な2020年の年末までに、給付が間に合わない人も出た。

安倍首相は5月4日の記者会見で、持続化給付金の給付について「最も早い方で8月から入金を開始します」と発言し、会見を聞いていた多くの国民は「そんなに遅いのか」と凍りついた。実は「8日から」の言い間違いだったのだが、結果として本当に8月以降の入金になった人も出てしまったわけだ。

経産省は実際の支給業務を、一般社

団法人「サービスデザイン推進協議会」に委託した。だが、協議会がさらに、大手広告代理店の電通に再委託し、電通はさらに関連会社に外注していたことが発覚。給付の遅れの責任がどこにあるのかあいまいな体制であることに加え、委託費用の「中抜き」疑惑も指摘され、政府は大きな批判にさらされた。

通常国会閉会直前の6月15日。安倍首相は参院決算委員会で釈明に追われた。

「この1カ月間で150万件ですよ。150万件既にお支払いをしていて、1カ月あまりで2兆円のお支払いをしているんです。ですから、現場がぼーっとしていて何にもやっていないのでは全くないんですよ。全くないんですよ」

従業員に休業手当を支払った企業を支援する「雇用調整助成金」（雇調金）では、ひとりあたり1日8330円だった受給額の上限を特例で1万5000円に引き上げ、対象に非正規労働者も加えた。窓口となる全国の労働局には「うちは支給対象になるのか」「助成率は何割か」などの相談が殺到。申請に必要な書類が多過ぎるなど手続きが複雑で「支給を待つ間に会社がつぶれる」と嘆く経営者もいた。企業側が申請をあきらめてしまい、従業員が休業手当を受け取れない例もあった。

売り上げが減った中小企業などの家賃負担軽減を目的とする「家賃支援給付金」でも、

給付のスタート自体が8月と大きく遅れた上、申請手続きの煩雑さなどから給付が遅れるという、持続化給付金と同様の問題が起きている。

「新しい生活様式」の持つ意味

最後に指摘しておきたいのが「新しい生活様式」に関する政権の姿勢だ。

「新しい生活様式」は、緊急事態宣言の延長が発表された5月4日に、安倍首相の記者会見で言及されたが、これが現実に意味を持ち始めたのは、5月25日に緊急事態宣言が全面解除されてからではないかと思う。

安倍政権は5月4日の記者会見で、緊急事態宣言の期間延長を公表せざるを得なかったが、その後、新規感染者数は大きく減少し、「第1波」は沈静化の様相をみせた。25日に発表された国内の新規感染者数は21人、うち東京都は8人だった。安倍首相が高揚するのも無理はなかった。

5月25日の記者会見で安倍首相は「わずか1カ月半で、今回の流行をほぼ収束させることができました。まさに日本モデルの力を示したと思います」と誇らしげに胸を張った。

そして、さらにこう続けた。

「ここから緊急事態宣言全面解除後の次なるステージへ、国民の皆様とともに力強い一歩を踏み出します。目指すは『新たな日常をつくり上げる』ことです。ここから先は発想を変えていきましょう。社会経済活動を厳しく制限するこれまでのやり方では、私たちの仕事や暮らしそのものが立ち行かなくなります。命を守るためにこそ、今、求められているのは、新しいやり方で日常の社会経済活動を取り戻していくことだと思います」

安倍首相の頭の中では、おそらくコロナ禍という緊急事態は、この時点でまさに「終わって」いた。「7週間の緊急事態宣言で新規感染者数を減少させ、コロナ禍から日本を救ったリーダー」という自己イメージが、完全にでき上がっていたことだろう。これからは国民の財布のひもを緩め、旅行に買い物におカネを使ってもらい、落ち込んだ経済を回して再び活性化させるのだ。日本経済はV字回復し、日本は再び世界の真ん中で咲き誇るのだ――。

しかし、感染拡大の第2波の到来を懸念していた専門家らは、当初5月末までだった緊急事態宣言を1週間前倒しで解除することには慎重だった。首相も当然、完全な収束に持ち込めていないことは認識している。

そこで持ち出されたのが「新しい生活様式」である。感染拡大を防ぐことを国民の責任に帰す思惑が、そこはかとなく感じられないだろうか。

「新しい生活様式」には「日常生活の各場面別の生活様式」として、細か過ぎるほどの「実践例」が列記されていた。「買い物は通販も利用」「電子決済の利用」「筋トレやヨガは自宅で動画を活用」「歌や応援は十分な距離をとるかオンラインで」「食事は屋外空間で気持ちよく」「大皿は避けて料理は個々に」「対面ではなく横並びで座ろう」……。

箸の上げ下ろしまで介入するような細かい内容に、思わず突っ込みたくなった。そこまで言うなら安倍首相はなぜ、緊急事態宣言の解除を急ぐのか――。

つまりはこういうことなのではないか。

緊急事態宣言を解除するということは、つまり「緊急時から平時に戻す」ことだ。「もはや緊急事態ではない」状況で、政府は国民に外出自粛を法的に「要請」することはない。今後の感染拡大防止は国民自身の責任であり、そのために用意したのが「新しい生活様式」である。国民には自発的にこれを守ってもらう。そして、感染したら、それは一義的に「国民のせい」であると。

こうした政府の姿勢は、全国に多くの「自粛警察」と呼ばれる人々を生んだ。まるで戦時中の「隣組」のようなある種の相互監視体制が、上からの統制ではなく、自然発生的に生まれていった。感染者を非難し、時に差別する風潮も生まれた。

一方「新しい生活様式」は、別の意味での副作用を生んだ。

ライブハウスや劇場、居酒屋や宴会場など、さまざまな業種の人々が「新しい生活様式」への対応を求められた。短期間で十分に対応できず、営業に支障をきたす業者もあった。しかし、政府にとってはもはや「平時」である。自粛要請を出したわけでもないのだから、「新しい生活様式」への対応で減収などの影響が出ても、それは政府の責任ではない――。こういう理屈が成り立ってしまうのだ。

「私権制限に伴う補償（支援）」という政治の責任を回避しつつ、国民には痛みを求め続ける。

「新しい生活様式」には、そういう印象がどうしてもぬぐえないのだ。

安倍首相が緊急事態宣言を解除し「平時の宰相」に戻った4日後の5月29日。北九州市の北橋健治市長が、市役所で開かれた対策会議で危機感をあらわにしていた。ふたつの医療機関でクラスター（感染者集団）が発生するなど、6日連続で計43人の感染者が発生していた。北橋市長はこう言った。

「極めて深刻な第2波の渦中にあると言わざるを得ない」

避難指示と賠償スキーム

コロナ禍のような緊急事態においては、国民を守るためというやむを得ない事情があったにしても、結果として大きく私権を制限せざるを得なくなることがある。コロナ禍においては、外出自粛要請や飲食店などの営業自粛要請などがそれにあたる。これを東京電力福島第一原発事故について考えてみれば、それは事故の拡大に伴う、原発周辺の住民に対する避難指示だろう。それはコロナ禍に勝るとも劣らない、苛烈なものだった。

幸い原発は、事故対応にあたった吉田昌郎所長ら東電社員らの必死の努力と、菅《かん》直人首相が思わず「神のご加護」と口走ったいくつもの幸運によって、格納容器が破裂するような大事故には至らなかった。急性被曝で亡くなった住民も出なかった。

しかし、この大規模な避難のオペレーションが実行される過程で、高齢者など多くの社会的弱者が命を落とすことになった。また、強制的に避難を余儀なくされた人たちの中には、津波被害で行方不明になっていたかけがえのない家族や友人を避難指示区域に残したままふるさとを離れることになり、心に大きな傷を負った人たちもいた。

それだけではない。菅直人政権は、こうして避難した人たちに、「今後中長期にわたり住み慣れた土地には戻れない」ことを告げなければならなかった。それは、東電の作業員たちに菅首相が発した「撤退はあり得ない」と並ぶ、重い決断だった。

「すぐには帰れない」

原発事故発生からちょうど1カ月となった2011年4月11日、枝野幸男官房長官は「避難のあり方の見直し」を発表した。ようやく原発の状況が落ち着いてきて、今後は突然の大爆発による大量の急性被曝ではなく「その土地に住み続けることによって生じる中長期的な被曝」のリスクに備える必要があった。そのための見直しだった。

避難指示区域は、①福島第一原発から20キロ圏内の立ち入りを原則禁止する「警戒区域」、②20~30キロ圏内の「緊急時避難準備区域」、③20キロ圏外だが1年間の積算放射線量が20ミリシーベルトに達する「計画的避難区域」――に再編された。被災地にとっては、当初の緊急の避難指示よりも過酷なものだと言えた。原発事故で突然の避難を強いられた住民の多くは、短期間で家に帰ることを想定していたはずだ。そんな人たちに「当分の間、故郷には帰れない」と宣告するに等しかったからだ。

原発事故当時、北西方向への風が吹いていたことによって、原発から20キロ圏外であったにもかかわらず線量の高さが指摘されていた飯舘村は、全村避難を強いられることになった。菅野《かんの》典雄村長は「なんで我々がこんな思いをしなければならないんだ」と苦しさをにじませた。南相馬市のように、市内が別々の区域に分割された自治体もあった。

枝野官房長官や福山哲郎官房副長官は何度も福島に足を運び、住民説明会で頭を下げた。前述の福山氏の著書によれば、福山氏は住民から「あなたは今、ここで深呼吸ができますか」と問いかけられた。

「原発が今すぐにも爆発するかもしれない」という極度に差し迫った危機を目前にした中での瞬時の判断だったとはいえ、政治権力をこのような形で行使せざるを得なかったことは、事故対応にあたった政治家たちの心に、今も重い記憶として残っている。事故から10年を迎えた2021年3月11日、首相として一連の避難指示を行った責任者である菅氏は、「原発事故では、避難の過程で、多くのご病気やお年寄りの方が亡くなられました。避難指示を出した当時の総理として、今も大きな責任を感じています」と、自らのブログに記している。

「東電免責」を拒む

原発事故の被害から国民を守るためとはいえ、避難指示を出したことによって、菅政権は結果として、多くの住民から大切な住みかを奪うことになってしまった。与えた苦痛の大きさに対する賠償の準備を始めなければならなかったが、原発の危険な状況が続く中、菅首相は事故対応で手いっぱいで、賠償問題まですぐには手が回らなかった。この問題で前面に立ったのが仙谷由人《せんごくよしと》官房副長官である。

仙谷氏は前年の2010年6月、菅政権の発足と同時に官房長官に就任したが、第1章で述べたように翌月の参院選で民主党が大敗し、仙谷氏も「ねじれ国会」に翻弄されることになった。尖閣諸島周辺で2010年9月、中国漁船と海上保安庁巡視船の衝突事件が起きると、仙谷氏はその対応を批判され、同11月に参院で仙谷氏への問責決議案が可決されてしまった。

菅首相は翌2011年1月の内閣改造で、仙谷氏を退任させることを余儀なくされた。代わって官房長官に就任したのが枝野氏である。

菅首相が仙谷氏に電話をしたのは、震災発生から7日目の3月17日のことだった。大震災と原発事故の「二正面作戦」を強いられ、体制が間に合わなかった菅首相は、仙谷氏に官房副長官として官邸に復帰するよう要請した。

「原発事故の収束以外の問題をお願いします」

「降格」人事ではあったが、仙谷氏は快諾した。やがて仙谷氏は、手薄になっていた地震と津波の被災者支援に加え、原発事故における賠償問題に取り組むことになった。

仙谷官房副長官は3月20日、東電の勝俣恒久会長と会う。仙谷氏の著書『エネルギー・原子力大転換』(講談社)によれば、勝俣会長はこう述べたという。

「『原賠法』の精神に照らせば、ご容赦いただけるのではないでしょうか」

「ご容赦」とはすなわち、賠償を国が肩代わりする、ということだ。同席した東電のメーンバンク、三井住友銀行の奥正之《まさゆき》頭取も「東電の資金需要をわれわれだけで賄うことはできません。国はできるだけ早く東電への支援を表明していただきたい。何とか体制維持できるように……」と訴えた。

原子力損害賠償法第3条には、電力会社が原発事故を起こした時「その損害が異常に巨大な天災地変又は社会的動乱によつて生じたものであるときは、この限りでない」という「但し書き」がある。東日本大震災は「異常に巨大な天災地変」であり、東電も被害者だ、という主張だった。勝俣会長は賠償総額を1兆円と見積もり、それ以上の賠償金は原子力損害賠償法の規定に基づいて国が負担するよう求めた。

仙谷氏はこれを退けた。「いや、それは通りませんよ」

この時の判断について、仙谷氏は2017年の『毎日新聞』のインタビュー（聞き手は筆者）にこう答えている。

「まず、賠償額のケタが一つ違う。それに、ベントの遅れなど東電の事故対応におけるさまざまな過失を考えれば、免責は筋が通らない。賠償責任は第一義的に東電にあり、そのままの体制維持は認められない、と考えた」

非難覚悟の公金注入

原発の状況が落ち着くにつれ、被害者への損害賠償スキームの策定が本格化した。しかし、その内容をめぐっては、政権内でも激しい議論が展開された。

菅首相は仙谷氏を退任させた2011年1月の内閣改造で、自民党出身の与謝野馨《よさのかおる》氏を経済財政政策担当相として入閣させていた。まだ東日本大震災が起きる前、菅首相にとって大きな政治課題は、消費増税につながる社会保障と税の一体改革だった。これを実現するためには、自民党出身の閣僚の協力が必要と判断したのだった。

この与謝野氏と、同じ内閣改造で官房長官に就任した枝野氏が、賠償スキームをめぐり激しく対立した。経産省の前身、通商産業省で大臣を務めた経験がある与謝野氏は、東電の免責の必要性を主張。一方、原発事故対応で東電のふがいなさに振り回された枝野氏は、これに真っ向から反対し、東電への会社更生法の適用もちらつかせた。「東電にもパンツ1枚は残すべきだ」「いや、ミンクのコートも脱いでいない」。報道ではふたりのそんな応酬も紹介された。

間に立った仙谷氏は、与謝野氏が主張する東電の免責は前述のように全く認めない立場だったが、一方で枝野氏の言う会社更生法の適用も無理筋だと考えていた。「事故処理や被災者への賠償を行う責任主体がなくなれば、被災者が困る」

仙谷氏らが中心になって5月に策定した損害賠償スキームをもとに、**菅政権は6月14日、原発事故にかかわる損害賠償支援を行うための「原子力損害賠償支援機構法案」を閣議決定した。賠償の責任主体は東電であることを明確にした上で、賠償を「迅速かつ適切」に進めるため、政府と東電を含む電力各社が出資する原子力損害賠償支援機構（現在の原子力損害賠償・廃炉等支援機構）を設立し、賠償資金を政府が支援する仕組みだった。**

電力各社は保険料にあたる「一般負担金」を機構に支払い、将来の原発事故に備える。

機構は東電に対し、国債を原資として賠償資金を支援し、東電は将来の利益から資金を機構に返済する。

東電に経営の合理化を厳しく求め、モラルハザードを起こすのを防ぐため、その経営実態などを評価する「東電経営・財務調査委員会」も新設されることになった。しかし、賠償資金の原資が国債であることは間違いない。菅政権は「原賠機構はあくまで被害者の損害賠償を円滑に進めるためで、東電の救済が目的ではない」という立場を強調したが、このスキームは「東電救済」と厳しい批判を受けることになった。

前述の『毎日新聞』のインタビューで仙谷氏は「弥縫策《びほうさく》かもしれないが、現実に困っている人にお金を回すためには妥当な措置だったと思う」と振り返った。

原発事故の初動対応で、東電本店の当事者能力のなさに何度となくいらだちを募らせてきた菅政権の政治家にとって、「東電救済」という批判を受けるのは、心理的にはかなりのストレスだったと思われる。しかし、国の責任で住民の居住権を大きく損なった以上、東電が破綻して賠償ができなくなり、住民が苦境に陥ることは避ける必要があった。

7月8日の衆院本会議で、公明党の佐藤茂樹氏がこの点をただした。

「なぜ、債務超過を回避し、法的整理等の選択肢を事実上排除するスキームとしたのでしょうか。一部では東電救済ではないかとの声も聞かれますが、今後の東電のあり方について総理の考えをお聞きします」

菅首相はこう答弁した。

「仮に東京電力の法的整理が行われた場合には、被害者の方々の賠償債権や事故処理に当たる事業者の取引債権の完全な履行が不確実になる恐れがあり、そういった観点から、こうした法的処理ということについて、適切ではないと考えたところであります。今後、東京電力については、最大限の経営合理化と経費削減を行いながら、被害者への迅速かつ適切な賠償、福島原子力発電所の状態の安定化及び、事故処理に関係する事業者等への悪影響の回避、電力の安定供給を行っていく必要があると考えております」

なお、この答弁の中には、こんな言葉もあった。

「今般の事故に関する原子力損害賠償法上の賠償責任は、一義的に東京電力が負うべきものであります。他方、原子力事業者と共同して原子力政策を推進してきた国の社会的責務を踏まえつつ、東京電力による損害賠償を支援すべく、本法等を通じた支援を行うこととといたしております」

原子力事業者と共同して原子力政策を推進してきた国の社会的責務——。

2009年の民主党政権樹立のずっと前から綿々と続いてきた、国の原発推進政策の積み重ねが原発事故を招いてしまった責任を、菅政権は背負わざるを得なかったのだ。

章の冒頭で述べたように、緊急事態において政治が国民に対して強制的に私権を制限せざるを得なくなった時、政治の責任として求められる最も重要なことのひとつが、国民が私権制限による「痛み」を安心して引き受けられるようにする配慮である。補償などの財政措置は、その最たるものと言えるだろう。

安倍政権はそもそも「補償」という概念を用いることを極度に嫌い、常に「経済対策による支援」という立場をとり続けた。「お金を出す」という点では同じにみえるかもしれないが、要は「緊急時において（やむを得ないとは言え）政府が国民に痛みを与えたことへの責任を取る」という考え方をとらず「平時の経済対策と同じ対応をとる」ことに固執したのである。「政治の責任」を回避することに腐心し続けたわけだ。

その「経済対策」としての支援の対象についても、安倍政権はできるだけ小さく考えようとした。例えば、特別定額給付金その他の支援策の対象者に厳しい条件をつけたり、職業や雇用形態の違いによって支援策に差が出ているのを放置したりした。野党が提案した

「全国民に対するひとり一律10万円給付」を受け入れざるを得なくなった時は、わざわざ辞退を呼びかけるような真似までした。

緊急事態宣言の発令に及び腰だったり、解除を急ごうとしたりしたのも、つまりは「経済への影響を回避する」ことに加え、宣言期間中に政府が行う営業時間短縮などの要請に対して「補償」的要素を持つ協力金の支出を求められるのを避けたかったとみる方が自然だ。緊急事態宣言を解除した後は「協力金で国民を安心させて感染拡大防止に協力してもらう」のではなく「新しい生活様式」などを提唱することで「感染拡大防止は国民の自助努力でやってもらう」方向づけを狙った。

そして、こうしたやり方が奏功しなかった時、安倍政権は「政治の責任を省みる」方向ではなく、逆に「国民が感染拡大防止策をとろうとしない」方向で物事を考えてきた。それが、後継の菅《すが》義偉政権による新型インフルエンザ等対策特別措置法改正、すなわち「国民への罰則の新設」につながっていくわけだ。

原発事故における菅直人政権の賠償スキームも、それが正しかったと言い切ることは筆者にはできない。だが、彼らは少なくとも被害を過小に考えることはせず、また、政権自身が最も断罪したかっただろう東電に全責任を押しつけて自らの責任から逃げることはしなかった。結果として彼らは、多くの国民の批判を一身に引き受けている。

それを振り返る時、コロナ禍の「補償」問題における安倍政権の「政治の責任を回避し、責任を国民に転嫁しようとした」姿勢は、筆者にはどうにも納得がいかないのだ。

第5章　政治の責任をどう取ったのか

「投げ出し辞任」再び？

コロナは終わったこと？

「まさにコロナ対応の150日間であったと思います」

通常国会が閉会した翌日の2020年6月18日、安倍晋三首相は記者会見で、約半年にわたった通常国会をこう振り返った。安倍首相の記者会見は、緊急事態宣言を解除した5月25日以来。首相の言葉にはある種の解放感があった。

「感染予防と両立しながら社会経済活動を回復させていく。コロナの時代の新たな日常に向かって、一歩一歩、私たちは確実に前進しています」

「私たちはしっかりと発想を変えなければなりません。社会経済活動を犠牲とするこれまでのやり方は長続きしません。できる限り制限的でない手法で、感染リスクをコントロールしながら、しっかりと経済を回していく。私たちの仕事や暮らしを守ることに、もっと軸足を置いた取り組みが必要です」

2020年６月18日、通常国会閉会翌日に記者会見する安倍首相。危機に際して国会を閉じたのは、国民のことを考えるより、面倒な野党の追及を逃れることを優先したようにみえる（写真提供　朝日新聞社／ユニフォトプレス）

前回５月の会見でも「緊急事態宣言全面解除後の次なるステージへ」と「気分はコロナ後」だった安倍首相だが、それから１カ月もたたないうちに、その傾向にはさらに拍車がかかっていた。都道府県をまたぐ移動を完全自由化すること、コンサートなどのイベントを１０００人規模で開催可能にすること……。首相は「もはや緊急事態ではない」と言いたげに、次々と「新たな日常」をぶち上げた。

第４章で、緊急事態宣言を解

除した直後に北九州市で「第2波」への動きがみられたことに触れたが、首相はそれについても「北九州で一時、感染者が増加した際には（中略）濃厚接触者全員を対象に徹底的な検査を実施し、現在、新規の感染者は大きく減少しています」と述べ、抑え込めたとの認識を強調した。

最も象徴的だったのは「別の未知のウイルスが、明日、発生するかもしれない。次なるパンデミックの脅威は、空想ではなく、現実の課題です」という言葉だろう。

「別の未知のウイルス」――。口では「感染予防策を講じながら」などいろいろ言ってはいるが、首相の頭の中から、コロナはもうほとんど消えていると言ってよかった。

極めつきがこれである。首相は「感染症への危機の備えが十分でなかった」ことに触れながら、こう続けたのだ。

「**自民党は憲法改正に向けて、緊急事態条項を含む4つの項目について、すでに改正条文のたたき台をお示ししています。緊急事態への備えとして、我が党の案にさまざまなご意見があることも承知しています。各党、各会派の皆さんのご意見をうかがいながら進化させていきたい**」

第2章でも指摘したが、安倍首相はコロナ禍を「憲法に緊急事態条項を創設する必要性」を訴える材料にした。悲願の憲法改正に、コロナ禍を再び利用しようとしたのである。

疑惑続々……国会から逃げたい?

もっとも、この時点での首相の気持ちが完全に晴れわたり、高揚感に満ちていたかというと、必ずしもそうではなかっただろう。それは、記者会見の冒頭第一声にうかがえた。

「本日、我が党所属であった現職国会議員が逮捕されたことについては、大変遺憾であります。かつて法務大臣に任命した者として、その責任を痛感しております。国民の皆様に深くおわび申し上げます」

河井《かわい》克行《かつゆき》前法相(衆院広島3区)と妻の河井案里《あんり》参院議員(参院広島選挙区)がこの日、前年の2019年参院選広島選挙区をめぐる公職選挙法違反容疑で逮捕されたのだ。案里氏は2021年1月に東京地裁で有罪判決を受け、翌2月に議員を辞職。判決は確定し、案里氏は当選が無効になるとともに、公選法の規定で公民権が5年間停止された。一方、克行被告は3月23日、東京地裁で行われた被告人質問の場で、議員を辞職する意向を表明。4月1日の衆院本会議で正式に辞職が認められた。東京地裁は6月18日、懲役3年、追徴金130万円の実刑判決を言い渡した(弁護側は控訴)。

案里氏の選挙は官邸が公然と主導していた。改選数2の広島選挙区は、従来は与野党がひとつずつ議席を分け合う事実上の「無風区」だが、2019年参院選では、自民党が党本部主導で「ふたり目の候補」として新人の案里氏を擁立した。「自民の2議席独占を狙う」が大義名分だったが、一方で「自民現職の溝手顕正《みぞてけんせい》氏が安倍首相に批判的だったため、党本部が追い落としを狙った」との見方が広く流布していた。案里氏の陣営には自民党本部から計1億5000万円もの資金が流れていた。溝手氏の10倍の金額だった。選挙結果は案里氏が当選し、溝手氏は落選した。

そういう特殊性を持つ選挙での買収事件だっただけに、逮捕は河井夫妻だけでなく、安倍政権にとっても大きな打撃となった。

それだけではなかった。東京高検の黒川弘務検事長の定年延長をめぐり、官邸が人事に介入した疑惑が浮上した。黒川氏の定年延長にあたり、安倍政権は国家公務員法の法令解釈を勝手に変更。規範的な法令解釈さえ自分たちの都合に合わせて変えてしまう安倍政権の姿勢に、大きな疑問符が突きつけられた。その結果、検察幹部の定年を内閣の判断で延長可能にする検察庁法改正案は、ネット上で「#検察庁法改正案に抗議します」などのハッシュタグをつけた投稿が大きく拡散したこともあり、安倍政権は成立断念に追い込まれた。

国会閉会直前の6月15日には、陸上配備型迎撃ミサイルシステム「イージス・アショア」の配備計画中止を突然表明。これも政権の失点として受け止められた。

そもそも、コロナ禍の前から問題化していた森友・加計学園問題、「桜を見る会」をめぐる私物化疑惑についても、国民の疑問は何ら解明されていない。野党の疑惑追及の材料には事欠かなく、安倍首相にとってはストレスのたまる日々が続いた。

肝心のコロナ禍でも同様だった。第4章で述べた持続化給付金の給付の遅れや、民間委託をめぐる不透明なカネの流れなど、安倍首相はこちらの問題でも野党の追及を受け続けた。内閣支持率は急落。毎日新聞社と社会調査研究センターによる5月23日の世論調査では、内閣支持率は27％と、同月6日の前回調査（40％）から13ポイントも下落した。安倍首相としては、コロナ対応の成果を誇るというより、早く国会での追及から逃れたい、というのが本音だったのだろう。

「予備費10兆円」と「雲隠れ」

立憲民主党など野党は、コロナ禍の状況の変化などに即応できるようにするため、通常国会の会期を12月28日までの194日間延長するよう求めたが、政府・与党はこれに応じず、当初の会期末の6月17日で国会を閉会した。代わりに政府・与党が考え出したのが、2020年度第2次補正予算に、10兆円という巨額の予備費を計上することだった。機動的な支出が可能な予備費によって、コロナ禍における急な状況変化に対応するとした。

国会を延長せず閉会したこともさることながら、この「10兆円の予備費」はさらに問題視された。

そもそも予備費とは、予算編成時に想定していなかった災害などに機動的に対応するために、政府があらかじめ使い道を定めずに用意しておく予算である。国会の事前チェックを受けることなく、内閣の責任で支出ができる。もっとも、年度途中で災害が起きても、一般的には補正予算で対応することができる。予備費とは本来、補正予算の編成も間に合わないほどの緊急時の支出に使われるものだ。

今回のコロナ禍のように、あらかじめ想定されている事象に対して、使い道を決めずに巨額の予備費を積むことは「政府が国民の代表たる国会のチェックを受けずに、巨額のカネを勝手に使えるようにする」ということだ。国会を無力化させる行為であり、財政民主主義の原則にもとる。

これまで繰り返し指摘してきたように、安倍政権は緊急時における権力行使について、法律による「縛り」を避けてさまざまな「要請」を自由に出し、国民の私権を制限してきた。「予備費10兆円」は、同じことを財政出動についても行おうとした、ということだ。**「『力とカネ』の使い方に対する『たしなみ』のなさ」は、この政権の一貫した姿勢と言っていい。**

話を国会閉会に戻そう。

「会期延長せず」の姿勢を崩さなかった与党に対し、野党は「週1回の閉会中審査」を求め、与党も了承した。閉会中審査は予算や法案を成立させることはできないが、それでもコロナ禍における政府の対応について、国会の場でただすことはできる。安倍首相は国会閉会当日の17日、記者団に対し「閉会中でも、求められれば政府としてちゃんと説明責任を果たしていきます」と強調した。だが実際のところ、結局首相はこの間、国会の場に出てくることはなかった。

首相が閉会中審査に出てこないのなら、正式な国会を開かせるしかない。野党はこう考えた。憲法第53条は、衆参両院のどちらかの総議員の4分の1以上が要求すれば「内閣は、その召集を決定しなければならない」と定めている。野党は7月、この憲法の規定に基づき臨時国会の召集を要求した。しかし、安倍首相はこれも無視した。

確かに憲法には、内閣は臨時国会の「召集を決定」しなければならないと書かれてはいるが「いつまでに」との規定はない。安倍政権はこれをいいことに、臨時国会の召集を「決定する」ことを、ひたすらにサボり続けたのだ。

安倍首相は国会だけでなく、記者会見からも遠ざかった。安倍首相の記者会見は、この章の冒頭で述べた6月18日を最後に開かれなくなっていた。

Go To キャンペーン「前倒し」

安倍首相が国会からも記者会見からも逃げ続けていた国会閉会中に、安倍政権のコロナ対応として注目を浴びたのは、7月の「Go To キャンペーン」だろう。

「Go To キャンペーン」は、安倍政権が「コロナ後」を見据えて打ち出した需要喚起策である。観光業を対象とした「Go To トラベル」、飲食業が対象の「Go To イート」、イベント業などを対象にした「Go To イベント」、商店街活性化を目指した「Go To 商店街」の4つからなる。このうち「Go To トラベル」が、当初予定されていた8月上旬から前倒しされ、7月22日にスタートした。キャンペーンに参加する旅行会社や旅行予約サイトで予約された国内旅行について、代金の半額相当を補助するというものだ。

公明党から入閣している赤羽一嘉国土交通相は、7月10日の記者会見で「国民の皆様には、コロナ禍の影響を受けつつも、旅行への大変熱い思い、熱い期待があると感じております」と説明。さらに「観光関連業界や地域の関係者の皆様からも、本事業をできるだけ早く、特に、多客期、繁忙期である夏休みが支援の対象となるように、という要望が、いずれの会合でも大変強いものが寄せられました」と述べた。

この時期の東京都の1日の新規感染者数は200人を超え、連日過去最多を更新していた。安倍首相が自信満々で緊急事態宣言を解除した5月末には、すでに感染再拡大の兆しがうかがえたことは前述したが、それが本格化しつつあった。

だが、菅《すが》義偉官房長官は「一律に（県をまたいだ）移動自粛を要請する必要はない」との考えを強調。赤羽国交相の会見があった10日には、プロ野球とサッカーJリーグで観客をいれた試合が再開されるなど、イベントの入場制限も緩和された。政権は明らかに「感染拡大防止」から「経済」にギアを切り替えていた。

こうした安倍政権の姿勢は、感染再拡大を恐れる地方自治体との間ではあつれきを生んだ。大きな人の移動があれば、感染者数が増加傾向にあった東京から地方にウイルスが運ばれるおそれがあるため、地方の首長らから事業への批判が続出。そこで**安倍政権は急きょ、東京都民と都内への旅行を対象外とし、事業は最初から混乱した。**

事業を推進する菅官房長官と、批判的な小池百合子東京都知事の間でのバトルも注目された。7月11日に菅氏が、東京での感染者の急増について「圧倒的に東京問題」と小池知事を批判したのに対し、小池氏も「(仕切りは)国の問題」と反論。ふたりの感情的な舌戦に国民の批判は高まり、事業開始を「時期尚早」としていた野党側からも「Ｇｏ Ｔｏ トラブルだ」と揶揄する声が漏れた。

政治家たちの、コロナそっちのけのパフォーマンスじみた対立が面白おかしく報じられる中、安倍首相の影はなぜか、次第に薄くなっていった。

持病再発? 突然の辞任

通常国会の閉会以降、安倍首相の姿はほとんど表舞台から消えていた。

午前中は官邸に出ず、渋谷区富ヶ谷の私邸にこもったままの日が増えた。執務の後は夜の会食も行わず、私邸に直帰するようになった。メディアは、官邸の壁によろけて手をついたようにみえる安倍首相の様子を報じたり、首相が官邸内を歩く速度を測ったり、あれやこれやと首相の体調不安を書き立てた。

その少し前から「安倍首相の体調不良」が、なぜか官邸サイドから盛んに喧伝されるようになった。一般的に政治家、特に首相の健康問題は、危機管理上の観点から徹底的に伏せられるものだ。ところが「首相の体調不良」は、むしろ官邸サイドや与党・自民党の側から積極的に喧伝された。

「健康不安」があおられる一方で、首相の「働き過ぎ」を強調する報道もあふれた。「1月26日から6月20日まで１４７日連続出勤」「少し休んでいただきたい」。政府・与党内から、安倍首相をいたわるような声が、これもまた大量に流された。

そんな空気の中、安倍首相は8月17日と24日の2回、東京・信濃町《しなのまち》の慶應義塾大学病院を訪れた。病院行きの情報も、事実上事前に漏らされていた。病院に乗りつける安倍首相の黒塗りの車を、多くの報道陣のカメラがとらえた。

そして8月28日、安倍首相の緊急記者会見が急きょ設定された。「新たな新型コロナウイルス対策を発表する」という。しかし、永田町関係者の多くは、大なり小なり「辞任会見」の可能性を疑った。

午後5時過ぎ、首相官邸で記者会見が始まった。安倍首相は冒頭「夏から秋、そして冬の到来を見据えた今後のコロナ対策を決定いたしました」と表明。なぜか、北朝鮮のミサイル阻止に関する安全保障政策の新たな方針についても言及した。

やがて、本書冒頭の場面がやってきた。安倍首相は「総理大臣の職を辞することといたします」と、自ら辞任することを表明したのだ。

前回の6月18日の記者会見で、あれほど「コロナに打ち勝ったリーダー」を演出して胸を張っていた安倍首相は、その後2カ月半で様変わりしていた。首相は時に、目に涙を浮かべながら、辞任の理由を語った。

「本年6月の定期検診で『再発の兆候がみられる』と指摘を受けました。その後も薬を使いながら全力で職務にあたってまいりましたが、先月中頃から体調に異変が生じ、体力をかなり消耗する状況となりました。そして、8月上旬には潰瘍性大腸炎の再発が確認されました。今後の治療として、現在の薬に加えまして、さらに新しい薬の投与を行うこととといたしました。今週はじめの再検診においては、投薬の効果があるということは確認されたものの、この投薬はある程度継続的な処方が必要であり、予断は許しません」

さらに続けた。

「政治においては、最も重要なことは結果を出すことである。私は、政権発足以来、そう申し上げ、この7年8カ月、結果を出すために全身全霊を傾けてまいりました。病気と治療を抱え、体力が万全でないという苦痛の中、大切な政治判断を誤ること、結果を出せないことがあってはなりません。国民の皆様の負託に自信を持って応えられる状態でなくなった以上、総理大臣の地位にあり続けるべきではないと判断いたしました」

辞意表明の理由は「持病である潰瘍性大腸炎の悪化」だった。在任期間7年8カ月。連続在職日数が歴代最長を記録した首相の最後は、実にあっけなかった。

記者会見が終わる前から、ネット上では「安倍さんお疲れさま」などという、コアな支持者によるねぎらいの大合唱が始まった。多くのメディアも、それまでコロナ対応を批判していたのを忘れたかのように「お疲れさま」ムードに流れていった。直前まで3割を切る勢いだった内閣支持率は、多くの世論調査で10ポイント以上跳ね上がった。

コロナ禍で「国民へのお見舞い」を語るべき立場の首相は、逆に「自らへのお見舞い」を求めるかのような記者会見を残して、一方的に首相の座を降りていった。

ちなみに、東京都ではこの日、新たに226人が新型コロナウイルスに感染していることが確認されている。

わずか1カ月での「復活」と暗転

安倍首相の正式な退任は、後任を選ぶ自民党総裁選を待つ必要があった。後任の総裁には、安倍政権の官房長官を長く務めた菅《すが》義偉氏が選出され、菅氏は9月16日に首相に就任した。安倍首相はこの日をもって「前首相」となった。

退任した安倍氏は、国民の気持ちをくんで懸命に闘病したのだろうか。間もなく、国民は驚くべき光景を目にすることになる。

辞意表明からちょうど1カ月後の9月28日。安倍氏は東京都内で開かれた自身の出身派閥、細田派の政治資金パーティーに出席した。辞任後初めての公的な場への出席だった。安倍氏は「一議員として菅（義偉）政権を支えながら、日本のためにこれからも頑張りたい」などとあいさつし、自身の体調について「だいぶ薬が効き、回復しつつある」と述べた。

11月1日には退任後初めて、地元の山口県長門《ながと》市へ。父親の安倍晋太郎元外相の墓参りをした。記者団には持論の憲法改正について「野党は『安倍政権の間は憲法改正しない』と言っていたが、今は菅政権。その言い訳はもう通用しない」と野党側を皮肉りつつ

「（改憲の）機運を高めていくために努力したい」とまで述べた。

報道によれば安倍氏の体調は、新しい点滴薬の効果でほぼ回復したとされる。「外国への特使などとして菅政権を支えるのでは」「趣味のゴルフに近く出掛ける計画も」。報道では早くも、公私ともども「辞任後の活動」がとりざたされ、安倍氏の出身派閥の細田派からは「再登板の可能性」に言及する声まで聞かれた。

これをどう考えたらいいのだろうか。

安倍氏を「回復」に導いたという点滴薬は、おそらくすでに存在していたものだろう。仮に辞任直前の時点でまだ使用可能でなかったとしても、使用できる見通しは立っていたと思われる。そんなに効果の高い新しい薬があるなら、安倍氏は自らの辞任を避けるために、その薬の使用を含む積極的な治療はできなかったのだろうか。

安倍氏が潰瘍性大腸炎の「再発の兆候」を指摘されたのは、6月の定期検診だ。通常国会は閉会したばかりで、国会は事実上の夏休み状態だった（その是非はここでは触れない）。治療にはよいタイミングだったのではないか。治療薬の処方で一時的に公務に支障が出るおそれがあったとしても、臨時代理を置くことで対応可能だったのではないか。

安倍氏は持病の再発を知った時、自らが首相を続けられる可能性について、あらゆる観点から検討したのだろうか。そんな疑問が生じても不思議はなかった。

まさか安倍氏は、コロナ問題で目にみえる成果を誇示できず、国会で野党に対応のまずさを指摘されるばかりの状況に嫌気が差して、政権を投げ出したのではないか。

ここで繰り返すまでもないが、安倍氏は第1次政権（2006~2007年）でも、2007年夏の参院選で惨敗して「ねじれ国会」となり、政権運営に行き詰まる見通しになったことから、同年9月の臨時国会開会直後に、突然政権を投げ出した。そして、辞任会見で全く触れなかった「持病」を後付けで公表し、「投げ出し」批判をかわそうとした。

まさか首相は今回も、あの時のように、「投げ出し」批判をかわすために、自らの持病を都合よく利用しただけではないのか。

邪推と言われればそこまでだ。しかし、一国のトップが体調不良で職務を続けられないというなら、こういう邪推を受けないためにも、医学的に明確な根拠が示されてしかるべきだろう。例えば、2020年10月に新型コロナウイルスに感染したトランプ米大統領の場合、主治医が記者会見で記者団からさまざまな質問をぶつけられ、国民はその病状について、報道を通じてチェックしていた。

病気を理由に首相を退任して、国会での答弁という「面倒」から逃れる。にもかかわら

ず、パーティーや地元日程などの「自分の好きなこと」には「回復した」といって嬉々《きき》としてとり組む。そんな立場の使い分けが、安倍氏に許されるはずはない。

こうした安倍氏の「増長」を押しとどめたのは、検察の捜査だった。

11月23日、東京地検特捜部が「桜を見る会」前夜祭の会費補塡問題をめぐり、安倍氏の公設第1秘書から任意で聴取したことが報道された。12月21日には安倍氏本人も任意で事情聴取を受けた。さらに25日には衆参両院の議院運営委員会に出席し、この問題をめぐり国会で数多くの事実と異なる答弁を行ったことについて「すべての国会議員に深く心よりおわび申し上げる」と謝罪に追い込まれた。

安倍氏はその後も、菅義偉政権の支持率低下に乗じてたびたび党内での「復権」を画策している。だが、2021年7月15日には東京第1検察審査会が、「桜を見る会」事件をめぐり安倍氏を不起訴とした東京地検特捜部の処分について「不起訴不当」と議決した。

本書執筆時点で、安倍氏は検察の捜査を受けるべき立場にある。

「脱原発」を止めさせないために

浜岡原発の停止要請

新型コロナウイルスの感染者が国内で初めて確認された2020年1月15日から、安倍首相の辞意表明会見（同8月28日）までが約7カ月半。一方の菅《かん》直人首相も、東日本大震災と東京電力福島第一原発事故の発生（2011年3月11日）から5カ月半後の8月26日に辞任会見を行っている。ふたりの首相が緊急事態に直面してから退陣するまでの時間軸は、季節感までよく似ている。

国会閉会後にコロナ対応の表舞台から姿を消し、持病を理由に突然辞意を表明した安倍首相。対する菅首相の辞任までの流れはどうだったのかを振り返りたい。

震災の発生から2カ月近くが過ぎ、原発の状況がようやく落ち着きをみせ始めた2011年5月6日午後7時10分。菅首相は緊急に記者会見を開き、いわゆる「原子力ムラ」をのけぞらせることを発表した。

「国民の皆様に重要なお知らせがあります。本日、私は内閣総理大臣として、海江田（万里）経済産業大臣を通じて、浜岡原子力発電所（静岡県御前崎《おまえざき》市）のすべての原子炉の運転停止を、中部電力に対して要請をいたしました」

会見で菅首相は、文部科学省の地震調査研究推進本部が、駿河《するが》湾から静岡県内陸部を想定震源域とする東海地震（マグニチュード8程度）が今後30年以内に87％の割合で発生する可能性があると評価したことを挙げ、さらに続けた。

2011年５月６日、浜岡原発の運転停止を要請したと記者会見する菅直人首相。この年の通常国会は６月22日の閉会予定を70日間延長し８月31日まで開かれた（写真提供　共同通信社／ユニフォトプレス）

「想定される東海地震に十分耐えられるよう、防潮堤の設置など中長期の対策を確実に実施することが必要です。国民の安全と安心を守るためには、こうした中長期的対策が完成するまでの間、現在定期検査中で停止中の3号機のみならず、運転中のものも含めて、すべての原子炉の運転を停止すべきと私は判断をいたしました」

これまでの原発事故対応では、あの「東電本店乗り込み」でさえ一定の法的根拠を求め、法に基づく権力行使を意識していた菅首相だったが、この停止要請は例外だった。菅首相はどういう法的根拠があるかを模索したが、事故を起こしていない電力会社の原発を停止させる権限は見つからなかった。

それでも菅首相は「許認可事業である電力会社が要請を断る可能性はない」と踏んで「行政指導」という形で要請を強行した。実際、中部電力は3日後の5月9日、この要請を受け入れた。

ただ、この記者会見で注目すべきことは、その内容ではなかった。むしろ、記者会見に至るまでの経過の方だった。

記者会見はもともと海江田経産相が行う予定だったが、菅首相はそれを止めて自ら会見に臨んだ。理由はこうだ。

記者会見前日の5月5日、海江田経産相は経産省の官僚とともに浜岡原発の視察に訪れ、翌日に中止の方針を菅首相に報告すると、すぐに記者会見に臨もうとした。菅首相はいったんその動きを止めた。経産省が用意した会見内容が「浜岡以外の原発の再稼働の容認」を示唆していると感じたからだ。

菅首相は海江田氏任せにせず、自ら会見に臨むことにした。理由のひとつは前述したように、法的根拠を伴わない要請を行う責任を、自ら引き受けなければならないということ。もうひとつが、自ら会見することによって「浜岡以外は再稼働」という発言を「行わない」ことだった。

会見をめぐっては主に反原発派から「浜岡以外の停止に言及しなかった」との批判が多く出された。しかし、菅首相にとってこの会見は「停止に言及しない」こと以上に「再稼働に言及しない」ことに意味があった。実際これ以降、経産省の思い描く再稼働スケジュールは、菅首相の手で狂わされていく。

浜岡停止要請を行ったわずか4日後。菅首相は記者会見で、政府が原発事故前年の2010年に閣議決定した「エネルギー基本計画」を白紙に戻す考えを示した。菅首相はこうした考え方を、3月31日に共産党の志位和夫委員長との党首会談、同日のフランスのサルコジ大統領との会談などですでににじませていたが、それを記者会見で明確にしたのだ。

エネルギー基本計画は2003年に最初のものが策定され、その後改定が進められてきた。当時最新の改定は、菅政権の発足から10日後の2010年6月18日に閣議決定されたもの。計画は原子力発電について「安全の確保を大前提に、国民の理解・信頼を得つつ、需要動向を踏まえた新増設の推進・設備利用率の向上などにより積極的に推進する」として「2030年までに、少なくとも14基以上の原子力発電所の新増設を行う」との目標が示されていた。わざわざ「『中長期的にブレない』確固たる国家戦略として」という言葉まで書き添えられていた。

「いま思えば、とんでもない計画だった」。菅氏は近著『原発事故 10年目の真実』(幻冬舎)で、この基本計画をこう振り返っている。だがまぎれもなく、この計画は菅直人内閣によって閣議決定されたものだった。第4章で述べた東電の損害賠償スキームについて、菅首相が東電の賠償資金を公的支援することを認めた上で、国会で「原子力事業者と共同して原子力政策を推進してきた国の社会的責務を踏まえつつ」と述べたのも、こうした意識が背景にあったのかもしれない。

ともかく、菅首相は記者会見で「今回の大きな事故が起きたことによって、この従来決まっているエネルギー基本計画は、いったん白紙に戻して議論をする必要があるだろうと、このように考えております」と述べ、自らが閣議決定したこの基本計画を白紙に戻す考えを打ち出した。

「一定のめどがついたら」

原発事故を機に、菅首相が脱原発、少なくともこの時点では「脱原発依存」の方向に大きく舵《かじ》を切ったことは、もはや明確であった。かつての55年体制下ではイデオロギーの問題として語られがちだった原発問題だが、「国がつぶれるかもしれない」という未曽有の大事故に直面し、行政の長として民間企業の人間に対し「命をかけてください」という、戦後例のない重い指示を発さなければならない経験をした菅首相にとって、「原発ゼロ」はもはや、右派だの左派だのといった政治性は関係ない「何としてもやらなければならない現実」に転化していた。

こうした菅首相の姿勢が、いわゆる「原子力ムラ」を大きく刺激したのは確かだろう。そのことが原因であるかどうかは判然としないが、この頃から、菅首相に対する辞任要求、いわゆる「菅おろし」の動きが、各方面から公然とわき起こり始めた。震災からまだ2カ月あまり。被災地の復興など全くみえる状態ではなく、多くの住民が避難している状況下に——である。

浜岡原発停止要請と同じ2011年5月、「はじめに」でも述べた安倍氏の「海水注入中断デマ」が発覚。そしてその後、野党・自民党が提出をもくろんでいた内閣不信任決議案に、民主党内からも同調の動きが多数出た。不信任決議案の可決を阻止するため、菅首相は決議案を採決する衆院本会議直前の民主党代議士会で「震災への取り組みに『一定のめど』がついた段階で、若い世代に責任を引き継いでいただきたい」と訴え、不信任決議案に同調しないよう呼びかけた。

結局、民主党議員の大半が反対に回り、不信任決議案は大差で否決された。しかし、代議士会での菅首相の発言は「退陣表明」と受け取られ、その後野党やメディアに「いつ辞めるのか」ばかりを求められる展開になってしまった。

繰り返すが、東日本大震災と原発事故の発生から、まだ3カ月も経っていなかった。

固定価格買取制度導入に意欲

民主党代議士会で菅首相は、もちろん「即時辞任」を想定して発言したわけではなかった。しかし、不信任決議案を否決できても、このまま首相を続ければ、いずれ民主党の分裂は避けられないことは明らかだった。そう遠くない時期の退陣は避けられそうになかった。

残り任期が極めて限られた中で、その間に何をすべきか。菅首相は6月27日の記者会見で、以下の3点に言及した。

「私としては第2次補正予算の成立、そして再生可能エネルギー促進法の成立、そして公債特例法の成立。これが（退陣の）一つのめどになると、このように考えております」

第2次補正予算と、赤字国債の発行を可能にする特例公債法案の成立。ここまではどの政権でもとり組む課題だろうが、菅首相が最も重視したのは、2番目の「再生可能エネルギー促進法（正式名称は「電気事業者による再生可能エネルギー電気の調達に関する特別措置法」）の成立」だった。太陽光や風力などの再生可能エネルギーによって発電した電気を、政府が一定期間、あらかじめ決めた価格で電力会社に買い取らせる「固定価格買取制度」（FIT）を導入する、という内容だ。買い取り価格を再エネ事業者に利益が出る水準に設定することで、再生可能エネルギーの普及を後押しする狙いがあった。

これに先立つ6月15日、菅首相は国会内で開かれた市民団体主催の集会で「国会には『私の顔を見たくない』という人もいる。本当に見たくないのなら、1日も早くこの法案を通した方がいい。そうすれば『一定のめど』がつく」と述べ、法案成立に向け野党を挑発するかのような発言をした。決して品のよい発言とは言えなかったが、ある意味、政権奪取前の野党時代によくみられた「攻めの菅直人」の姿が戻ってきたとも言えた。
菅首相は自らの退陣さえ、政策実現のための「武器」に使おうとしたのである。

玄海《げんかい》原発の再稼働騒動とストレステスト

6月22日で閉会予定だった通常国会は、8月31日まで70日間延長された。この間、政府内では「脱原発」に関するもうひとつの大きな動きがあった。九州電力玄海原発（佐賀県玄海町）の再稼働をめぐる問題である。

前述したように、5月の浜岡原発停止要請の際、菅首相はほかの原発の再稼働について言及しなかった。そこで経産省は、事前に首相への報告なく再稼働の手続きを進めようとした。当時原発の再稼働は、経産省の原子力安全・保安院の判断で行えたからだ。原発事故対応でほとんど機能せず、菅首相ら官邸の政治家をいらだたせた、あの保安院である。

海江田経産相は6月29日に佐賀県を訪問し、古川康知事に再稼働を認めるよう直接要請した。古川知事は同日の記者会見で、経産相の説明に一定の理解を示した上で「総理がどうお考えかは、再稼働が本当に必要かを判断する重要な問題」と発言。再稼働に関して菅

首相が何らかの見解を示すよう求めた。これが報道され、菅首相は玄海原発再稼働をめぐる一連の流れを知ることになった。

菅首相は「原発事故を防げなかった保安院の判断だけで再稼働を決めるのは、国民の理解を得られない」と指摘。曲折の末、原発の再稼働には、①原子力安全委員会の関与と地元自治体の合意を必要とする、②欧州で実施されている、最悪の事態を想定した安全調査（ストレステスト）を導入する、③最終的には首相と官房長官、経産相、原発担当相の4者協議で判断する――という手続きが、暫定的に導入されることになった。

8月26日。前述した「電気事業者による再生可能エネルギー電気の調達に関する特別措置法」が成立した。「原発再稼働手続きの厳格化」「再生可能エネルギーの普及促進」という、脱原発に向けた具体的な施策の2本柱がそろったことになる。一方、同法の成立は、首相自身が掲げた退陣への「3つのめど」法案がすべて成立したことも意味していた。

菅首相はその日、記者会見で正式に辞意を表明した。最後の記者会見ではこう語った。

「総理を辞職した後も、大震災、原発事故発生の時に総理を務めていた一人の政治家の責任として、被災者の皆さんの話に耳を傾け、放射能汚染対策、原子力行政の抜本改革、そして原発に依存しない社会の実現に最大の努力を続けてまいりたい、こう考えております」

「退陣」の前に何が必要なのか

コロナ禍と原発事故では状況が違う、ということを念頭に置いた上で、それでも安倍首相と菅《かん》首相の退陣劇については、少なくともふたつのことが指摘できると思う。

ひとつは国会に対する姿勢だ。通常国会を延長せず閉じた安倍首相と、70日間の延長を行った菅首相の違いは、強く意識されていい。

菅首相の場合は、「ねじれ国会」のため特例公債法案のように予算執行に不可欠な法案が成立しておらず、会期延長は政権運営の上でも何としても必要だった、という事情はあっただろう。だが、それをさておいても、多くの国民がリアルタイムで苦しんでいる緊急事態において、何かあればすぐに法律を成立させられるように国会を開いておくことは、最低限必要なことだったのではないか。安倍政権の場合、国会閉会後も週1回程度の閉会中審査を行うことで与野党が合意していたため、一見閉会中であることが分かりにくかったかもしれないが、閉会中審査では立法活動ができないという事実は重要だ。

もうひとつは「退陣後の政治の方向性に、いかに道筋をつけるか」だ。

菅首相の場合、エネルギー基本計画の見直しや浜岡原発停止要請、固定価格買取制度や原発再稼働手続きと、退陣までの短期間に次々と、自らの目指す「脱原発依存社会」への布石を打った。国会を開き続けていたため、これらの施策への質問に自ら答弁することも可能だった。

これらの政策への賛否はさまざまだろうが、結果としてそれから10年後の今日、日本の総発電量における再生可能エネルギーの割合が急激に伸びる一方、原発は再稼働が進まずに電源構成の比率を大幅に落としている。菅首相の「布石」がそれなりに実効性を持っていたことの証左だろう。

一方、安倍首相は辞意を表明した記者会見で、夏から秋冬を見据えた今後のコロナ対策（新型コロナウイルス感染症に関する今後の取組）を発表した。辞任表明の段階で新たな対策を発表する、というのは異例の対応といえる。安倍首相としては、それで「後任への道筋をつけた」つもりでいるのかもしれない。

だが、国民生活に影響が大きい方針を打ち出すのと同時に、自らは退任して国民の疑問に答えないのは、コロナ禍において誠実な態度とは言えない。こうした施策は本来、国会での真摯な論戦の中で丁寧に説明を行うべきではないか。「病気のためそれができない」

という状況でもなかっただろうことは、すでにみた通りである。

そのコロナ対策の内容も、刹那的で「パッケージ」と呼ぶには薄いものだった。

安倍首相は「保健所や医療機関の負担軽減」のため、重症化リスクの高い高齢者などに医療支援を重点化する方針を打ち出したが、こうした「重点化」方針は国内で市中感染が始まった頃に政権がとっていた施策からほとんどアップデートできていない。今後の感染爆発に備え「重点化」ではなく「医療体制の拡充」に向かうための措置をとる、といった姿勢は、最後までみえなかった。

印象に残ったのはワクチンについて「来年前半までに、全国民に提供できる数量を確保することを目指す」とした点くらいだ。だが、百歩譲ってワクチンで魔法のように感染拡大を抑えられたとしても、これまでのコロナ禍によって壊れかけた社会や経済を立て直すには、教育や労働などあらゆる政策分野において、地道で目立たない施策の積み上げが必要だったはずだ。「ワクチンさえ完成すればコロナ問題は終わり」と、その他のさまざまな関連対策にきめ細かく取り組む姿勢を忘れてはいなかっただろうか。

なお、コロナ禍とは直接関係ないことだが、そもそも安倍首相は、森友・加計問題や、首相主催の「桜を見る会」問題など、政権に向けられた数々の疑惑についても、国会や記者会見の場で自ら答える場を設けることが必要だ。

安倍氏は首相退任後も、折に触れ自らに近い右派メディアなどのインタビューにたびたび応じるなど、今なお党内に影響力があるとみせる演出に余念がない。しかし、安倍氏に求められているのは、そんな自己アピールなどではない。

体調不良による辞任であれば、政権当時のことはすべてリセットされる、などということはあり得ない。やや場違いではあるが、そのことも最後に指摘しておきたい。

終章　歴史の検証に耐えられるか

菅《かん》直人政権の「議事録未作成」問題

本書執筆の最終盤で、日本は「東日本大震災と東京電力福島第一原発事故から10年」という節目の時を迎えた。菅直人政権の原発事故の初動対応について改めて検証する報道や、当時官邸で事故対応にあたった政治家たちのインタビューも、数多く目についた。

彼らが語った内容は、原発事故の発生当初からほとんどブレがなかった。また、同じ場所にいた当事者たちの発言は、その時の心情などに若干の違いはあっても、事実関係の描写はほとんど矛盾がなかった。さらに、事故から時間が経ち、さまざまな新事実が発掘されても、彼らが当初語った内容が根底から覆るようなことは、現時点ではほとんどない(今後、東電本店側の情報が多く公表されれば、また世界が変わるのかもしれないが)。

筆者は新聞社の政治部記者として、原発事故の発生後早い段階から、彼らの話を直接聞く機会に恵まれ、実際に報道もしてきた。当時を振り返って思うのは、彼らは発生当時から、官邸での一つ一つの場面などを、驚くほどはっきり再現できたということだ。

それはおそらく、彼らの記憶力が優れているということではなく、当時の彼らの体験が、記憶を失ったり一部を改変したりできないほど、強烈で過酷だったということなのだろう。

実際、彼らのインタビュー取材だけでも、テレビ局が再現映像をつくることは十分に可能だったのではないか。

菅政権の政治家たちは、過酷な経験の「記憶」を鮮明に残し、各種事故調のヒアリングはもちろん、それぞれの著書やインタビューなどで、それを積極的に公表もしてきたが、一方で彼らは「記録」の点ではミスも犯した。発災直後に震災対応にあたる複数の会議で議事録が作成されていないことが発覚。菅直人政権は発災から約1カ月後の2011年4月に「行政文書の管理に関するガイドライン」を決定したが、にもかかわらずその後、後任の野田佳彦政権下の2012年1月、震災関連の15会議中10会議で、議事録を作成していなかったことが判明したのだ。

発覚のきっかけは1月13日に、民主党内でも一、二を争う生真面目さで知られる岡田克《かつ》也《や》氏が、副総理兼行政改革担当相に就任したことだ。就任早々議事録の不備に気づいた岡田副総理は、1月27日の記者会見で、翌2月をめどに議事録の復元を目指す考えを強調。関係する省庁などから出席者の残した個人的なメモや録音を手がかりにして、可能な限りの議事録を復元させることに努めた。

議事録未作成問題は当時の野党・自民党にとって、政権追及の格好の材料となった。特に、のちに第2次安倍晋三政権で官房長官を務めることとなり、さらにその後首相へと上り詰めた菅《すが》義偉氏の攻撃は強烈だった。2012年に出版された『政治家の覚悟 官僚を動かせ』（文藝春秋企画出版部）には、議事録未作成問題について「千年に一度という大災害に対して政府がどう考え、いかに対応したかを検証し、教訓を得るために、政府があらゆる記録を克明に残すのは当然で、議事録は最も基本的な資料」「その作成を怠ったことは国民への背信行為であり、歴史的な危機に対処していることへの民主党政権の意識の薄さ、国家を運営しているという責任感のなさが如実に表れています」などと、口を極めて批判していた。

安倍政権への「ブーメラン」

しかし、その後の安倍政権の新型コロナウイルス関連の議事録をめぐる対応は、当時の民主党政権への彼らの批判がそのまま、ブーメランとなって返ってきたと言えた。

第2章で述べたように、安倍晋三首相は2020年2月末、大規模イベントの自粛や全国一斉休校など、法的根拠を伴わない国民への要請を連発。3月2日の参院予算委員会で、立憲民主党の蓮舫氏が、一連の政治決断がどういう経緯で決まったのかをただした。

「総理が唐突にイベント開催自粛を一転して中止、延期要請にしたことも、自治体に検討としていた学校休校を、翌日に総理要請で一斉に休校と要請をしたのも、みんな実はどこで決まったか分からないんですね。政府の対策会議で結果だけが決まっているんですよ。結果だけが報告されているんです。

そして、総理の一日を調べたんですけれども、そうすると、その全て総理が結果をひっくり返す直前に、官邸で、総理、官房長官、関係大臣、そして関係省庁の事務次官あるいは総理の秘書官等が入って1時間近くの会議を持たれているんですね。ここで決めてきたんですか、総理」

蓮舫氏が指摘したのは、のちに「連絡会議」と呼ばれるようになる、安倍首相や菅《すが》義偉官房長官らによる少人数の会議である。国内の市中感染の可能性が指摘され始めた1月26日以降、ほぼ連日開かれており、安倍首相や菅官房長官のほか、安倍首相の側近とされる今井尚哉《たかや》首相補佐官、杉田和博官房副長官らが出席していた。

安倍首相の答弁はこうだ。例によって長いので一部割愛する。

「新型コロナウイルス感染症に関しては、対策本部に先立って、私の下に官房長官や厚労大臣、関係省庁の幹部が集まって突っ込んだ議論を行い、その結果を踏まえ、対策本部において私が指示をしているわけでございますが、それについては記録の指示をしているところでございますが、それとともに（中略）随時秘書官あるいは官房長官が集まり、また厚労大臣、また場合によっては文科大臣が入り、部屋で協議をしているということでございます。その中で判断をしたということでございます。

最終的な判断につきましては、これはもちろん対策本部において私が申し上げ、そこで決まったということでございますが、それに先立って、今お示しになったような場において判断を固めていったということではないかと思います」

蓮舫氏はすかさず「お認めになられました。この場で判断を固めていって、最終的には対策会議で発表する」と述べた。**安倍首相の答弁によれば、政府の対策本部が開かれる前に、この「連絡会議」で実質的なコロナ対応が決まり、対策本部はそれを追認する場になっていたことがうかがえる。**

この質疑を受けて野党側は連絡会議の議事録の公開を求めたが、4日後の3月6日の参院予算委理事懇談会で、**政府・与党は「議事録はない」と回答。「あまりに歴史の検証に不誠実だ」。蓮舫氏は記者団に対し、安倍政権の姿勢を批判した。**

首相発言「残さない」ための「連絡会議」？

蓮舫氏に対して政府側が6月に開示した「連絡会議」の「議事概要」（議事録ではない）を、安倍首相の辞意表明後の同年9月に『毎日新聞』が報じた。1月から3月まで40回分の記録を分析したところ、議事内容の記載は平均で10行しかなく、首相ら発言の記載は一切なかった。すでにみてきた通り、**この時期には前述した大規模イベントへの自粛要請、全国一斉休校などが決まっていた。国民の私権を法的根拠なく大きく制限したこれらの決定にあたっての首相らの発言は、記録に残されていないことになる。**

『毎日新聞』の報道について、もう1本紹介したい記事がある。２０２１年2月に報じられたものだ。冒頭部分を引用する。

「政府が新型コロナウイルスへの対応を『歴史的緊急事態』に指定したことに伴い、公文書の作成・保存を徹底する対象とした会議19件のうち、発言者や発言内容を明記した議事録などを作成するよう義務付けたのは4件にとどまることが、毎日新聞の情報公開請求で判明した」

ややとっつきにくいので、少し補足説明したい。

安倍首相と蓮舫氏との質疑と同じ月の**２０２０年3月、政府は新型コロナ危機への政府**

の対応を、国の公文書管理ガイドラインに基づく「歴史的緊急事態」に初めて指定した。コロナ問題の経緯や教訓の記録を後世に残すため、各省庁に「適切な文書の作成・保存」を求めたのだ。「歴史的緊急事態」は、前述した東日本大震災での民主党政権の議事録未作成問題を受け、翌2012年にガイドラインに盛り込まれたものだった。

ところが、政府のどの会議が「適切な文書の作成・保存が求められる」会議に該当するのかは、実は各省庁の判断に任されていた。ガイドラインは、政府の会議を、①政策の決定または了解を行う会議等、②政策の決定または了解を行わない会議等――の2種類に分け、このうち①の会議については発言者と発言内容の記録を求めているが、安倍政権は政府の新型コロナ対策本部などわずか4会議のみを①と定め、それ以外の会議は発言者や発言内容の記録が不要な②と位置づけていた、ということだ。

このことの何が問題なのか。もう一度、安倍首相と蓮舫氏との質疑を振り返りたい。

安倍首相が、さまざまな対策の「判断を固めていった」と述べた「連絡会議」は、公文書ガイドラインの②「政策の決定または了解を行わない会議」と位置づけられていた。つまり、首相自身が国会で、大規模イベントの自粛要請や全国一斉休校要請などの「判断を固めていった」場だと明言した会議が「政策の決定または了解を行わない会議」扱いとされていたわけだ。

ここから推察されるのは、以下のようなことだろう。

安倍政権は、記録が残る「公式の場」となった政府対策本部(①の会議)では実質的なことは何も決めず、事前の意思決定の場として「連絡会議」(②の会議)を都合よく利用したのではないか。そして、発言者やその内容の記録が義務づけられた対策本部を、単なる「事後承認の場」にしてしまったのではないか。意思決定の記録を残さないために――。

この推測はあながち間違いではないようだ。内閣官房新型コロナウイルス感染症対策推進室の担当者は、『毎日新聞』の取材に対し「連絡会議は単なる情報共有・交換の場であり、進捗状況や確認事項など活動を記録すればいいとされている。会議で首相が発言しても、記録の必要はない」と話したという。

専門家会議も「議事録作成必要なし」

公文書ガイドラインで②の「政策の決定または了解を行わない会議等」と位置づけられたのは「連絡会議」だけではない。新型コロナウイルス対策を助言してきた政府の専門家会議の議事録も②とされ、発言者や発言内容の記録は必要ないとされていた。

安倍政権が専門家会議の議事録を作成していないことは5月に発覚。かつて民主党政権での議事録未作成問題を自民党から批判された立憲民主党の枝野幸男代表は「こんな大事な専門家会議の記録が残っていないというのはとんでもない話だ。9年前の指摘をそっくりお返ししたい」と憤慨した。

安倍政権は専門家会議メンバーの了承が得られれば議事録を作成する考えを示したが、その後、報道機関やNPO法人の情報公開請求に応じて公開された同会議の「議事概要」（議事録ではない）は、ほとんどが黒く塗りつぶされた「のり弁」と呼ばれるもの。読めたのは冒頭あいさつなどに限られていたという。

「黒塗り」について、西村康稔経済再生担当相は8月のBSフジの番組で「（出席者の中に）自分は公開されない前提で話したというご意見をいただいたので、残念ながらそれ（公表）はできないということになった」などと述べた。黒塗りの理由を専門家側に転嫁したかのような発言だった。

しかし、議事録未作成が問題化した5月の段階で、専門家会議の尾身茂副座長は記者会見で、専門家会議のメンバーから議事録の作成を求める声があったことを、あえて紹介している。

安倍首相が辞任し、菅《すが》義偉氏が後任の首相となった直後の同年10月、NPO法人「情報公開クリアリングハウス」は、専門家会議の議事録の公開請求をしたのに国が「議事概要」を開示したのは違法だとして、国に開示決定処分の取り消しを求める訴訟を東京地裁に起こした。専門家会議を議事録作成の必要がない会議とした政府の判断について「対象文書の特定を誤っており違法だ」と主張している。

コロナ対応は本書執筆時点で現在進行形だ。安倍政権の後継政権が、当時の民主党政権と同様、極めて近い将来に議事録の復元に取り組むことも可能なはずだ。政権側の姿勢の変化を待ちたい。そして、こうした姿勢を安倍政権の後継の自公政権が一切みせないというなら、その時には野党時代の自らの言葉が、すべて自分たちに跳ね返ってくることを覚悟すべきだろう。

ちなみに菅首相は、首相就任時にかつての自著を新書版として出版するにあたり、議事録未作成問題に関するくだりをばっさり削除している。

安倍氏はコロナ対応を「語れる」のか

さて、筆者が安倍、菅《すが》義偉両政権において不安に思うのは、「記録」よりもむしろ「記憶」の方だ。もし10年後、「新型コロナウイルス発生10年」といったテーマで検証報道が行われた時、安倍氏をはじめ政権の面々は、インタビューにまともに答えられるだろうか。当時の対応を時系列で鮮明に思い出し、緊急事態における自身の政治決断やその時の葛藤について、説得力を持って国民に語ることができるだろうか。それだけ「自分ごと」として「実感を持てる」経験を、彼らはしっかりと積んだのだろうか。

首相を辞任した後「新しい薬が大変よく効いた」として早々に「復活」を果たした安倍氏は、その後積極的に報道機関のインタビューに応じているが、どうも言葉に手応えが感じられない。例えば、辞任2カ月半後の共同通信によるインタビュー(2020年11月12日)は、こんな感じだ。まず緊急事態宣言の判断について。

「強制力に乏しい要請ベースの、今のわが国の特措法(新型インフルエンザ等対策特別措置法)だったとしても、緊急事態宣言を出せば、経済に与える影響は非常に大きなものがあることは容易に想像できた。そこで、当初から重症者の数と死者の数に注目しながら、重症化を防ぐことを中心に政策を政権として進めていった。

重症化を抑えて医療崩壊を絶対に防がないといけないということもある中で、時期について、判断した。あの段階のわれわれの持ち得た知見の中で、あのタイミングだった。ある程度、緊急事態宣言が必要だという国民的な認識が高まるという観点からは、だいたいうまく合ったのではないか」

発言に何の具体性も感じられない。安倍政権が当初から、多くの患者が医療機関に殺到するのを避けようと動いていたことは分かっていたが、どんなデータを使い、どんな議論を行い、最終的に何を考えたのか、さっぱり分からない。当事者として「自分ごと」として語っている実感が乏しいまま、最後は「安倍政権はある程度、これは対応できたのではないか」と自画自賛している。

インタビューはこの後、小池百合子東京都知事が「ロックダウン」という表現を使ったことについて、わざわざ「非難するために言っているわけではないが」と前置きした上で、その発言に対する不満の言葉が長く続く。

水際対策の遅れについて問われると「あのとき止めておけば、完全に欧州からのコロナ感染を止めることができたかというと、これは分からない」。国民とのリスクコミュニケーションに課題を残した点については「基本的には西村康稔担当大臣が対応した。私も相当回数、国民への発信を行った。リスクコミュニケーションができていない、ということはない」。具体的に後悔や反省点を問われると「いろいろな条件を考える中において、あの時はベストの判断をしたのではないか」――。どこまでも「自分は間違っていない」で突っ走る気かと思ったが、ようやく最後に反省点として「政府全体として、検査態勢を十分に整えられなかったということはね」と述べた。

具体的な判断の根拠を語れず、小池知事のような他者は批判し、自分のことは「まあよくやった」的に肯定するだけの言葉の羅列。筆者はかすかな不安を抱いた。

これが辞任からわずか2カ月半後の言葉だとしたら、自身が直面した政治的に過酷な体験を語る言葉が、これほど乏しいのだとしたら、今から10年後、安倍晋三という政治家は、自らのコロナ対応についてどれだけの言葉を残せるのだろうか。もしかしたら、もう何も覚えていないのかもしれない。あるいは「『頑張った』自分の美しい記憶」しか残っていないのかもしれない。

その不安があながち間違っていないだろうと考えると、筆者は暗澹《あんたん》たる思いをぬぐえないのである。

おわりに

本書は安倍晋三政権のコロナ対策について論評したが、本書の脱稿直前に、後任の菅義偉政権も発足（2020年9月）から約1年で幕を下ろすことになった。安倍氏同様、菅首相もコロナ対応に行き詰まり、2代続けて事実上の「政権投げ出し」に追い込まれた。

言うまでもなく、菅首相は官房長官として安倍氏を長く支えてきた。菅政権のコロナ対応も、それが日本社会や経済にもたらした影響も、安倍政権のそれと相似形をなしている。いや、実際にはもっと悪くなったと言っていい。

菅首相は発足当初から「Go To トラベル」など「経済を回す」ことに固執し、結果として感染の急拡大を招いた。安倍政権が経済を意識するあまり緊急事態宣言の早期解除を焦り、感染の「第2波」を招いた展開を、より悪い形で繰り返した。

菅首相の就任から約1カ月あまりが過ぎた2020年10月末、感染拡大の「第3波」が到来した。11月20日には政府の新型コロナウイルス感染症対策分科会が「Go To トラベル」事業について「感染拡大地域においては、都道府県知事の意見も踏まえ、一部区域の除外を含め、国としてGo To トラベル事業の運用のあり方について、早急に検討していただきたい」と提言。野党からも「Go Toトラベル」事業が感染拡大につながっているとの批判の声が上がったが、菅首相は「Go To トラベルは約4000万人が利用し、現実的に新型コロナの陽性になったのは180人」などとして、事業と国内感染再拡大は直結していないとの見方を強調した。

それでも感染拡大は止まらず、内閣支持率も急落。結局、首相は12月14日になって、ようやく事業の全国一時停止を決めたが、あろうことかその夜、首相は東京・銀座で8人による「ステーキ会食」に出かけた。政府の分科会が「感染リスクが高まる」として注意を促した「5人以上の飲食」を、自らやってのけたのだ。

国民に会食への注意を求めておきながら、自分だけは特別扱いなのか。菅首相は国民の強い批判にさらされた。だが、それ以上に問題だったのは、この一件で「5人以上の飲食禁止は感染拡大防止の役に立たない」という菅首相の「本音」が明らかになったことだ。首相がもし本当に「5人以上の飲食」に注意が必要だと考えていたなら、感染のリスクをおして自らがそれを実践するはずがない。

菅政権にはこのように、自分でも効果があるとは考えていないだろう行動変容を、国民だけに押しつける一方、自分や「身内」にだけは「対象外」として許容するような場面が少なからずみられた。それは翌2021年7月、多くの中止・延期論を振り切って開催が強行された東京オリンピック・パラリンピックをめぐり、国民に求められたさまざまな行動変容が、大会関係者には許されたことにも表れている。

為政者にこんな対応をみせつけられた国民が、自らの行動変容の必要性を強く認識するのは、もはや難しかった。年明けの2021年1月7日、東京都の新規感染者は2447人と、初めて2000人を超えた。1日の新規感染者数としては、この時点で過去最多だった。

菅首相は翌8日、首都圏の1都3県に緊急事態宣言を発令せざるを得なくなった。しかし、そこで打ち出されたのは「社会経済活動を幅広く止めるのではなく、感染リスクの高い飲食を伴うものを中心として対策を講じ、飲食につながる人の流れを制限する」(西村康稔経済再生相)ことだった。つまり、菅首相は安倍晋三前首相以上に、緊急事態宣言を小さく、限定的に使おうとしたのだ。

これ以降、菅政権の感染拡大防止策は「飲食店狙い撃ち」の様相を呈した。菅首相は記者会見で「1カ月後には必ず事態を改善させる」と見得を切ったが、もはや国民の行動変容を十分に促すことはできず、緊急事態宣言は2度の延長に追い込まれた。菅政権は緊急事態宣言や、宣言に至らない状態で国民の私権制限を可能にする「まん延防止等重点措置」を断続的に延々と繰り返し、飲食店に営業時間の短縮や酒類提供の停止を求め続けた。営業を継続できず閉店に追い込まれる店が、街を歩けば普通に目につくようになっていた。

そして、菅政権の「飲食店攻撃」は、7月に入り最高潮に達した。

西村康稔経済再生相は7月8日の記者会見で、飲食店に影響力を持つ金融機関や取引先の酒類販売業者を使って酒類提供停止の「働きかけ」をさせる考えを示した。要請を守らない飲食店についてメディアで広告を扱う際に「要請の遵守状況に留意してもらうよう依頼」することにまで言及した。

西村氏の発言について、菅首相は翌日「どういう発言をされたか承知していない」と発言した。いったんは「西村氏の独断」との見方が広がったが、西村氏の記者会見があった7月8日付で、内閣官房と国税庁は酒類販売の関係団体に対し、酒の提供自粛に応じない飲食店と取引を停止するよう文書で依頼したことが判明。金融機関の「働きかけ」に対しても、内閣官房が各府省庁に文書での依頼を出していたことが分かった。

菅首相は西村氏の会見前日の7日、関係閣僚から事前に説明を受けていた。政府全体で認識を共有していたのだ。

こうした状況が発覚しても、菅首相はなおも「要請の具体的な内容について議論したことはない」と釈明。これらの判断が正しかったかどうかを問われても「要請の具体的な内容等については議論はしていないので、そこは承知しておりません」と、自らの責任を回避しようとした。

酒類提供停止についてもうひとつ付け加えたいのは、飲食店の利用客が「食べログ」などのグルメサイトを通じて、飲食店が適切な新型コロナウイルス対策を講じているかについて、アンケート形式で情報収集する仕組みの導入を打ち出したことだ。これには野党などから「市民からの密告を促す内容だ」との批判が出され、運用が見直される見通しとなったが、この一連の「飲食店への集中砲火」には恐ろしささえ感じた。

飲食店へのこれらの措置は、すべて「4度目の緊急事態宣言」とリンクしている。

菅政権は前述のように、もはや自らの手で人の流れを抑えることができず、7月8日に東京都に対し、4度目となる緊急事態宣言を発令することを決めた。期間は7月12日から8月22日まで（このほかすでに宣言が出ていた沖縄県も期間を延長された）。菅政権はとうとう「東京五輪（7月23日開幕）を緊急事態宣言の中で迎える」ことを決断せざるを得なくなったのである。

中止や再延期を求める意見のすべてを振り切り「予定通りの開催」一辺倒で突き進んだ菅首相は、その大前提である「感染拡大を何としても防ぐ」ことに、完全に失敗した。緊急事態宣言の発令はその帰結であり、明らかに菅政権の「敗北」（それも惨敗）である。にもかかわらず菅政権は、これを「政府の要請に従わなかった国民のせい」とばかりに、緊急事態宣言を出さざるを得なくなった怒りのすべてを、飲食店にぶつけようとした。

少なくとも筆者には、そのようにしか受け取れない。

菅政権のこうした姿勢は、この年の2月にコロナ対応の根拠法である新型インフルエンザ等対策特別措置法などを改正した際、時短要請などに応じない事業者に罰金（過料）を課すことを盛り込んだことにもうかがえる。何しろ、法案審議の過程で削除されたとはいえ、当初案には入院を拒否した感染者に懲役刑を科すことまで盛り込まれていたのだ。

これだけ書いていくと、菅政権のコロナ対策として決して外すことのできない「ワクチン」にも言及したくなるが、あとがきの範囲を超えるので割愛する。ここで強調したいのは、コロナ禍という緊急事態における菅政権の「権力の使い方」が、本書で述べてきた安倍政権のそれと、極めてよく似ている（当然と言えば当然だが）ことである。

つまりこういうことだ。「緊急時」を振りかざし、政府が強制的に国民の私権を制限する必要性を、やたらと強調する（例えば、危機に乗じて憲法の緊急事態条項創設などを主張する）。しかし、法律に基づいて政府自身の責任で私権制限を行うこと（例えば緊急事態宣言の発令）はやりたがらない。後になって政府が補償などの責任を負うのを避けたいからだ。だから、政府が直接私権を制限するのではなく、戦時中の「隣組」よろしく国民の相互監視を促し、間接的に政権の意思を押しつけようとする（ここで指摘した「グルメサイトを用いた情報収集」はその最たるものだが、例えば「自粛警察」を野放しにして、こうした行為への注意喚起に消極的だったことも挙げていいだろう）。

そしてそのため、対策が不十分なものに終わり、感染拡大の防止に失敗すると、その責任を国民の側に押しつける。その結果起きたことは、東京での新規感染者が5000人超え（8月5日発表）を記録した感染の大爆発であり、政府が十分な病床や宿泊療養施設などの医療体制を準備できないまま、多くの国民が必要な医療の提供を受けられず、苦しみながら命を落としている現実である。

政府の失政の代償を、国民が自らの命で支払っている。コロナ禍による死者の数は、すでに東日本大震災における死者の数を超えているのだ。

緊急事態宣言の根拠法である新型インフルエンザ等対策特別措置法には、政府が宣言を発令すれば、臨時の医療施設を開設するために土地や建物を強制使用できるという規定がある。菅政権はその気になれば、臨時の医療施設を造るため、民間の土地や建物を収用することもできたはずだ。もちろん、協力してくれた施設などへの十分な補償を、政治の責任でしっかりと行うことは言うまでもない。

緊急事態宣言とは本来、そのように使うべきものだったはずだ。安倍政権も菅政権も、政治の責任でこうした権限を十分に使い倒そうとしなかったにもかかわらず、自らの失政の責任を「法律の不備」のせいにして、憲法改正の呼び水にさえしようとしたのである。

政治権力は行使したいが、政治の責任は取りたくない。

安倍政権にも菅義偉政権にも、そんな思惑が透けて見える。だからこそ2人の首相は、政治の責任によって塗炭の苦しみの中にある国民を平気で放置して、自分だけはさっさと政権を投げ出すことができたのだ。

本書では菅政権のコロナ対応に十分な紙幅を割く余裕がなかったが、本書で安倍政権の対応について指摘したことを、菅政権に読み替えてみてほしい。

コロナ禍や福島原発事故といった国難級の事態が起きると、政治は「迅速な政治決断が必要」などと言って、法律の「縛り」を忘れて安易に国民の私権制限に走ってしまいやすい。これを許せば立憲主義も民主主義も一気に崩れてしまう。こんな時こそ私たちは、統治者の「政治権力の使い方」に対して、真剣に目をこらす必要があると思う。

本書は毎日新聞社時代に取り組んだ原発事故関連の取材、退社後に共同通信47NEWSに執筆したコロナ禍関連のコラムなどをもとに大幅に加筆した。出版の機会を作ってくださった編集者・作家の中川右介さん、遅筆の筆者に的確なご指導をくださった集英社新書編集部の東田健さん、そして、長期にわたった執筆を公私にわたって支え、応援してくださった家族や友人、取材先などすべての皆さんに、この場を借りて心からお礼を申し上げたい。

2021年9月

尾中香尚里

尾中香尚里（おなか　かおり）

一九六五年、福岡県生まれ。早稲田大学卒業後、毎日新聞社に入社し、政治部で野党や国会を中心に取材。同部副部長として東日本大震災と福島第一原発事故における菅直人政権の対応を取材した。二〇一九年に退社し、現在は共同通信47NEWS、週刊金曜日などに記事を執筆している。共著に『枝野幸男の真価』（毎日新聞出版）。

集英社新書一〇八七A

安倍晋三《あべしんぞう》と菅直人《かんなおと》 非常事態《ひじょうじたい》のリーダーシップ

二〇二一年一〇月二〇日　第一刷発行

著者……尾中香尚里《おなかかおり》
発行者……樋口尚也
発行所……株式会社集英社
東京都千代田区一ツ橋二-五-一〇　郵便番号一〇一-八〇五〇
電話　〇三-三二三〇-六三九一（編集部）
〇三-三二三〇-六〇八〇（読者係）
〇三-三二三〇-六三九三（販売部）書店専用

装幀……原　研哉
印刷所……大日本印刷株式会社　凸版印刷株式会社
製本所……株式会社ブックアート

定価はカバーに表示してあります。

ISBN 978-4-08-721187-0 C0231
Printed in Japan

a pilot of wisdom

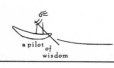

集英社新書　好評既刊

「非モテ」からはじめる男性学
西井 開　1076-B

モテないから苦しいのか？「非モテ」男性が抱く苦悩を掘り下げ、そこから抜け出す道を探る。

完全解説 ウルトラマン不滅の10大決戦
古谷 敏／やくみつる／佐々木徹　1077-F

『ウルトラマン』の「10大決戦」を徹底鼎談。初めて語られる撮影秘話や舞台裏が次々と明らかに！

原子の力を解放せよ　戦争に翻弄された核物理学者たち
浜野高宏／新田義貴／海南友子　1078-N〈ノンフィクション〉

謎に包まれてきた日本の〝原爆研究〟の真相と、戦争の波に巻き込まれていった核物理学者たちの姿に迫る。

文豪と俳句
岸本尚毅　1079-F

近現代の小説家たちが詠んだ俳句の数々を、芭蕉や虚子などの名句と比較しながら読み解いていく。

妊娠・出産をめぐるスピリチュアリティ
橋迫瑞穂　1080-B

「スピリチュアル市場」は拡大し、女性が抱く不安と結びついている。その危うい関係と構造を解明する。

世界大麻経済戦争
矢部 武　1081-A

「合法大麻」の世界的ビジネス展開「グリーンラッシュ」に乗り遅れた日本はどうすべきかを検証。

マジョリティ男性にとってまっとうさとは何か　#MeTooに加われない男たち
杉田俊介　1082-B

性差による不平等の顕在化と、男性はどう向き合うべきか。新たな可能性を提示する。

書物と貨幣の五千年史
永田 希　1083-B

人間の行動が不可視化された現代を生きるすべを書物や貨幣、思想、文学を読み解くことで考える。

中国共産党帝国とウイグル
橋爪大三郎／中田 考　1084-A

中国共産党はなぜ異民族弾圧や監視を徹底し、台湾・香港支配を目指すのか。異形の帝国の本質を解析する。

ポストコロナの生命哲学
福岡伸一／伊藤亜紗／藤原辰史　1085-C

ロゴス（論理）中心のシステムが破綻した社会で、私たちの生きる拠り所となりうる「生命哲学」を問う。

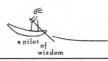